Kairicidade & Liberdade

E. MOUTSOPOULOS

Kairicidade & Liberdade

DIRETOR EDITORIAL:
Marcelo C. Araújo

COMISSÃO EDITORIAL:
Avelino Grassi
Edvaldo Araújo
Márcio Fabri

TRADUÇÃO:
Constança Marcondes Cesar

COPIDESQUE:
Ana Aline Guedes da Fonseca de Brito Batista

REVISÃO:
Ana Aline Guedes da Fonseca de Brito Batista

DIAGRAMAÇÃO:
Érico Leon Amorina

CAPA:
Vinícius Abreu

Título original: *Kairicité et Liberté*. Académie d'Athènes.
© Centre de Recherche sur la Philosophie Grecque, 2007.
ISBN: 978-960-404-102-2.

Todos os direitos em língua portuguesa, para o Brasil,
reservados à Editora Ideias & Letras, 2013.

Rua Diana, 592
Cj. 121 - Perdizes
05019-000 - São Paulo - SP
(11) 3675-1319 (11) 3862-4831
Televendas: 0800 777 6004
vendas@ideiaseletras.com.br
www.ideiaseletras.com.br

Dados Internacionais de Catalogação na Publicação (CIP)
(Câmara Brasileira do Livro, SP, Brasil)

Moutsopoulos, E.
    Kairicidade e liberdade / E. Moutsopoulos
[tradução Constança Marcondes Cesar]. - 1. ed. -
    São Paulo : Ideias & Letras, 2013.

    Título original: Kairicité et Liberté.
        Bibliografia.
        ISBN 978-85-65893-32-9

    1. Filosofia antiga 2. Filosofia moderna
        3. Liberdade I. Título.

13-03709   CDD-123.5

Índices para catálogo sistemático:

1. Liberdade e filosofia 123.5

à M.M.

Δῆλον ὅτι διαιροῖμεν ἂν τὴν μετρητικήν... ταύτῃ δίχα τέμνοντες, ἓν μὲν τιθέντες αὐτῆς μόριον συμπάσας τέχνας ὁπόσαι τὸν ἀριθμὸν καὶ μήκη καὶ βάθη καὶ πλάτη καὶ ταχυτῆτας πρὸς τοὐναντίον μετροῦσιν, τὸ δὲ ἕτερον, ὁπόσαι πρὸς τὸ μέτριον καὶ τὸ πρέπον καὶ τὸν καιρὸν καὶ τὸ δέον καὶ πάνθ' ὁπόσα εἰς τὸ μέσον ἀπῳκίσθη τῶν ἐσχάτων.[1a]
(Platão, *Político*, 284 e)

Ὅθεν καὶ δέον καὶ καιρὸν ὁ Πλάτων τὸ ἀγαθὸν ἔλεγεν.[2b]
(Plotino, *Enn.*, VI, 8, 18, 44)

---

1 [a]«Poderíamos, evidentemente, separar a arte de medir... por consequência, em dois pedaços. Em uma são colocadas todas as artes que medem o comprimento, a profundidade, a largura e a velocidade em relação a seus opostos; em outra, as que os medem em relação ao moderado, ao conveniente, ao oportuno, ao necessário e a todos os demais que, de extremos, se estabelecem como meio».
2 [b]«Por isso, Platão disse que o bem é tanto o necessário quanto o oportuno».

SUMÁRIO

Preâmbulo - 9
Prefácio - 12
Apresentação - 15

PRIMEIRA PARTE
Aspectos epistemológicos

I. Os fundamentos da kairicidade
1. Do *kairós* à kairicidade 19
2. Da intencionalidade à intenção 22
3. Dúvida ou exploração? Da *epoché* à *petteia* 25

II. As margens da liberdade
1. Coações e licenças. Um "jogo" dialético 29
2. Uma realidade manipulável 33
3. À espera de uma *akmé* 36

III. Kairicidade e erro
1. O engano káirico 39
2. O *kairós* malsucedido 42
3. O *kairós* recuperado 47

SEGUNDA PARTE
Aspectos ontológicos

I. O ser do kairós
1. A potencialidade do *kairós*: uma suspeita de mutabilidade 51
2. A atualidade do *kairós*: uma presença fictícia 55
3. De algumas contingências infinitesimais 57

II. A precariedade do kairós
1. Um advento discreto 63
2. Uma abertura para a abundância 67
3. Uma fuga previsível e irrevogável 71

III. Os traços do kairós
1. Prospectiva: impressões e vestígios 76
2. De algumas sombras 81
3. A objetivação do *kairós* 86

TERCEIRA PARTE
Aspectos axiológicos

I. Kairicidade e valor
1. Kairicidade e desejo 93
2. Kairicidade e imaginação 97
3. Kairicidade e proveito 101

II. Kairicidade e moralidade
1. Kairicidade e vontade 106
2. Kairicidade e lei moral 110
3. Kairicidade e ação káirica 115

III. Kairicidade e liberdade
1. O estatuto da existência livre 118
2. O estatuto da consciência káirica 123
3. Kairicidade ou o horizonte dos possíveis 127

Conclusão: Liberdade e kairicidade - 131

Índice dos textos mencionados - 133
Índice alfabético das obras mencionadas - 138
Bibliografia indicativa sobre a temporalidade,
a eternidade e a kairicidade na Antiguidade - 143
Bibliografia do autor sobre a kairicidade - 144
Outras Obras do Autor - 149

PREÂMBULO

O tema do *kairós* tem sido um dos favoritos de meu pensamento. A ele consagrei um número considerável de meus trabalhos, ao longo de toda minha carreira, e creio tê-lo considerado sob diversos ângulos e por diversos viezes. Esta obra será, verdadeiramente, o *opus postumum* que a ele dedicarei: quer ser a soma sucinta de minhas sucessivas reflexões sobre os problemas específicos que a ele se relacionam. Inicialmente, abordei o assunto através do célebre epigrama de Posidipo, que menciona, à maneira de um comentário, a estátua da divindade *Kairós*, esculpida por Lisipo, cerca de 330 antes de nossa era:

> – De onde vem teu criador? – De Sícion. – Seu nome?
> – Lisipo. – E tu? – Sou Kairós, domador de tudo.
> – Ei! tu avanças sobre a ponta dos pés? – Eu corro sem parar.
> – Essas asas duplas desdobradas até seus tornozelos? – Voando, eu erro.
> – Em tua mão direita, essa navalha? – Aos homens, ela indica
> que sou mais agudo que qualquer gume. – E esses cabelos
> sobre teu rosto? – Para que possa me segurar quem vem ao meu encontro.
> – Por Zeus! teu crânio é calvo! – É para que ninguém
> me capture; deve perseguir-me com obstinação.
> – E com qual objetivo o artista te representou assim? Endereçado a vós,
> estranho; e, posto neste vestíbulo, sirvo de lição.[3]

Depois, a anedota sobre Tales, relatada por Diógenes Laércio,[4] indicou-me a boa via a seguir para a pesquisa da diferença, ou melhor, da oposição entre, de um lado, as categorias temporais do *antes*, do *durante* e do *depois* e, do outro, as categorias káiricas do *demasiado* e do *excessivamente pouco* do *ainda não* e do *nunca mais*, e espacio-káiricas do *aqui ainda não* e do *nunca mais em parte alguma*. Redigi um primeiro trabalho sobre esse tema em 1960, enquanto ensinava na Universidade Aix-Marseille, e que apareceu

---

3 Posidipo, Epigrama (*Anthol. grecque* [Palatine]) XVI, 275.
4 Tales, fr. A1, D.-K.[16] I, 68, 23-29 (Diog. Laércio, I, 24).

na Grécia no decorrer do ano universitário de 1961-1962,⁵ precisamente antes da publicação, por pura coincidência, de um artigo de meu mestre Pierre Maxime-Schuhl sobre um assunto análogo,⁶ mas sob uma perspectiva completamente diferente, e que infelizmente ficou isolado em sua obra. Ao contrário, eu persisti em aprofundar o problema, não obstante numerosas publicações consagradas a outras temáticas muito variadas. É ainda à noção de *kairós* que se referia, em janeiro de 1978, meu discurso de recepção, como correspondente, no *Institut de France*,⁷ sob a presidência (outra coincidência!) de meu mestre Schuhl que, ignorando meus trabalhos publicados até então, em grego, surpreendia-se que minha fala não se referisse à história da filosofia. Nele, distingui sucessivamente os aspectos epistemológico, ontológico e axiológico do *kairós*. Uma estrutura semelhante caracteriza a presente obra, onde são, ao mesmo tempo, desenvolvidas e condensadas minhas visões expostas em meu livro sobre *Une philosophie de la kairicité* (1984), com uma disposição um pouco diferente.

Graças à insistência de penetrar os segredos do *kairós*, vi ser-me atribuído o codinome de «filósofo do *kairós*» ou «da kairicidade», de acordo com o caso. E talvez um pouco graças à solicitação persistente de minha parte que a noção de *kairós* ganhou uma audiência mais larga. ⁸Destaca-se, na França, o livro inigualável de Monique Trédé sobre a história da significação do termo *kairós*. Vêm em seguida nomes de revistas e de seminários filosóficos. Vêm, enfim, iniciativas de kairologia mais ou menos por todo o mundo, até o longínquo Porto Rico.

Quanto às ideias aqui expostas, esforcei-me para manter as visões que eu precisei desde o início de meu questionamento, fazendo do *kairós* uma contingência fugidia, princípio irrecuperável, mas igualmente sujeito a evocação; contingência que, longe de servir unicamente como instrumento de medida, possui sua própria condição independente, no seio de uma realidade reestruturada pela consciência que age sob a forma de uma manifestação principal da existência, no quadro fundamental de uma kairicidade e numa perspectiva que não desdenha a qualificação de pragmatista, no sentido original do termo,

---

5 Catégories temporelles et kairiques, Université d'Athènes, Annuaire Scientifique de la Faculté de Philosophie, 1961-1962, pp. 412-436.
6 P.-M. SCHUHL, *De l'instant propice*, Revue Philosophique, 87, 1962, pp. 69-70.
7 "Maturation et corruption: quelques réflexions sur la notion de *kairós*", *Revue des Travaux de l'Académie des Sciences Morales et Politiques et Comptes Rendus de ses Séances*, 131, 1978/1, pp.1-20.
8 Monique TRÉDÉ, *Kairós: L'à-propos et l'occasion*, Paris, Klincksieck, 1992.

considerando tudo sob o ângulo, essencial à realidade da existência, que é sua liberdade. Eu retomo, nessas considerações, aquilo que já havia antecipado no início deste texto que serve de introdução à presente obra, a saber: que ele contém minhas últimas perspectivas sobre um assunto ao qual estou constantemente ligado, e sobre o qual penso ter contribuído para trazer algumas precisões de um certo interesse.

E. M.

PREFÁCIO

Desde 1960 Evanghélos Moutsopoulos escreveu muito, como historiador da filosofia grega e como filósofo, sobre o *kairós*; e tão bem, que se tornou *o filósofo do kairós*. Hoje, mais do que nunca, a kairicidade representa um papel tanto em relação à precariedade da conduta individual quanto em relação à mudança sócio-histórica em crise. A verdade do *kairós* que o acadêmico de Atenas descobriu manifesta-se assim no momento mais oportuno, nem muito cedo nem muito tarde, como diz Hegel no fim do prefácio da *Fenomenologia do Espírito*, a propósito da natureza do *Verdadeiro*. No presente balanço káirico, E. M. aprofunda com precisão o sentido dessa antiga noção que ele erigiu como conceito. Analisa sucessivamente seus aspectos epistemológicos, ontológicos e axiológicos. Liminarmente, opõe ao tempo as *categorias káiricas* de *muito* e *muito pouco*, de *muito cedo* e de *muito tarde*, de *ainda não* e de *nunca mais* e as *espacio-káiricas* de *ainda não aqui* e de *nunca mais em parte alguma*. Essa bidimensionalidade, aliás móvel, rompe com a unilinearidade tridimensional regulada da sucessão temporal em suma fictícia e indiferente à consciência. A consciência deve avaliar as opções segundo o jogo metódico da *peteia*, arte de mover os peões, e deve preparar, acolher, até provocar a aparição do instante ótimo do qual saboreia o fruto. Esse *kairós* é um *point d'orgue*.[9] O termo não deve induzir-nos a erro, porque não se trata absolutamente de um ponto temporal. Digamos que é um momento-acontecimento, que se dilata em função do contexto, uma "zona extensível", que mais ou menos se antecipa e se prolonga, uma atualização da virtualidade, um nó que reúne muitos *microkairois*. O momento do *kairós* se desdobra: campo mais ou menos duradouro, dilata-se e se enriquece semi plural; depois, se contrai num relâmpago conclusivo, pontual, fulgurante, fio de navalha, corte de uma *akmé* entre *ainda não* e *nunca mais*. A tal semi extensivo finalmente condensado como intensivo, convém acrescentar o caso de um *kairós* aparentemente isolado, inopinado e e inesperado, por exemplo a percepção privilegiada do

---

9 A expressão francesa é um termo musical, que corresponde à suspensão de um som, *fermata*, que prepara uma cadência, segundo Henrique Autran Dourado, *Duicionário de termos e expressões da música*. São Paulo, Editora 34, 2004, p. 257 (N.T.) Literalmente, ponto de órgão.

que me encanta como belo, dado um laço de fusão entre o reconhecido e o reconhecedor. De toda maneira, logo que consumado, todo *kairós* se aniquila, mostrando-se tanto como quase inexistente quanto como quase existente. A sequência não está programada.

Em todo *processo káirico* que se estende como montante e jusante e que se debulha continuamente, a *intencionalização* da consciência existencial representa um papel realista primordial. Para modificar ou infletir a realidade, impõe-se dinamicamente através de uma atividade voluntária pragmática e também *petéica*. A kairicidade permanece fonte disponível de instantes localizados favoráveis e oportunos, meio de eventualidades, reservatório de meios "propícios ao cumprimento de projetos", quadro e veículo de investigação de um objetivo fixado para ser atingido através de um *kairós* determinado"; enfim, lugar e horizonte "dos possíveis que se oferecem à liberdade da consciência". Insistente, E.M. reitera o imperativo de submeter a kairicidade à moral. Uma kairicidade autêntica respeita os valores universais; senão, o *kairós* desviaria ou até deturparia o processo. E.M. diagnostica igualmente formas claramente lógicas ou empíricas de *kairós* falhado. Ademais, todo erro pode tornar-se "pré-verdade"; e até por ser um *kairós* criativo, um erro estético pode ser justificado, enquanto que "a verdade não está absolutamente isenta de uma parte de erro".

Como filósofo e como historiador da filosofia, E.M. analisa de bom grado, dialeticamente, a realidade e o pensamento, também na presente obra devem sua *superação* na atitude káirica da liberdade de consciência:

a) a dialética entre o mundo exterior e essa liberdade, quer dizer, entre a estrutura necessária e repetitiva do real e o ato livre de uma reestruturação; **b)** a dialética entre descontinuidade introduzida no seio da realidade objetiva e continuidade da existência; **c)** a dialética entre passividade da kairicidade e energia da ação káirica; **d)** a dialética entre lei moral e liberdade; **e)** a dialética entre conformismo e deformação. Mais amplamente, todo *kairós* é um momento ao menos implicitamente dialético entre a temporalidade fraturada e a racionalidade. Seu caprichoso complexo circunstancial pode ser dominado pelo querer. No *continuum* liberdade-existência--consciência-kairicidade, a consciência pode se esforçar para conformar o curso dos acontecimentos às suas aspirações, dominando a kairicidade, "prisma que refrata o real".

    Este livro de referência é completado por índices de textos e obras mencionadas, por uma bibliografia indicativa sobre a temporalidade, a eternidade e a kairicidade na Antiguidade e por uma bibliografia do autor sobre a kairicidade.

Jean-Marc Gabaude
Professor Emérito da Universidade de Toulouse Le-Mirail
Membro da Academia de Ciências de Toulouse
Membro da Academia de Atenas
Doutor Honoris Causa da Universidade de Atenas

Apresentação

Se percorrermos a longa lista dos "livros do mesmo autor", nos daremos conta que a noção de *kairós* ocupa há muito o pensamento de E. Moutsopoulos e foi objeto de uma série de estudos sutis, editados tanto na França [*Kairós. La Mise et L'Enjeu*, Vrin, 1991, 9ª Edição romena 2002), *Variations sur le Thème du Kairós. De Socrate à Denys*, Vrin, 2002, *La Conscience de L'Espace*, Aix-en-Provence, Ophyris, 1969 e 2ª Edição Vrin, 1977] quanto na Grécia [*Philosophie de la Kairicité*, Cardamizza, 1984, *Structure, Présence et Fonctions du Kairós Chez Proclus*, Academia de Atenas, 2003]. E se acrescentamos a esses estudos a lista de artigos (34) e de comunicações em congressos (43), consagrados ao tempo, compreendemos então que esse tema do *kairós* sempre foi seu campo de predileção e que o presente livro só vem coroar seu pensamento sobre o assunto. Ademais, a primeira frase do prefácio confirma nosso sentimento: "O tema do *kairós* foi um dos favoritos de meu pensamento", confessa o autor com amor e modéstia, antes de nos entregar os segredos dessa noção que ele aprofunda com a sabedoria que lhe trouxeram seus longos anos de estudo e de preocupação constante.

Ao longo das três partes deste livro, somos testemunhas do processo global que o autor segue. Na primeira parte, consagrada aos aspectos epistemológicos do *kairós*, ele aborda os fundamentos da kairicidade, vista em relação estreita com certos parâmetros que delimitam e definem essa noção e a o mesmo tempo nos iniciam no "jogo" dialético com a liberdade, depois nos familiariza com os meandros da consciência, condicionada pelo erro e a atividade káirica.

A segunda parte se refere aos aspectos ontológicos do *kairós* e à sua análise, comentando, nos diferentes capítulos, o essencial da kairicidade, qualificada de precariedade; a kairicidade funciona ao mesmo tempo como quadro que refrata o real e como campo de atividade da consciência, que, por sua vez, forma assim projetos e estruturas em prospectivas.

Na terceira parte, que compreende os parâmetros axiológicos, o autor examina a kairicidade em relação ao valor, à moralidade e à liberdade,

concluindo que a condição humana é vivida sob o aspecto da kairicidade em todos os setores da atividade consciente: a economia, a política, a ciência, as artes, a espiritualidade e, particularmente, a filosofia.

Assim, constatamos que o conjunto das reflexões aqui expostas nos persuade que a kairicidade nada mais é, afinal, que a expressão da liberdade da consciência que, por sua vez, testemunha a liberdade fundamental da existência.

Maravilhosamente documentado e escrito numa linguagem poética, esse livro de Evanghélos Moutsopoulos seduz o leitor e preenche sua aspiração aos grandes temas que preocupam desde sempre os humanos. É um grande livro escrito por um grande mestre.

Yphigénie Botouropoulou
Academia de Atenas

PRIMEIRA PARTE
Aspectos Epistemológicos

CAPÍTULO I
OS FUNDAMENTOS DA KAIRICIDADE

1. Do *kairós* à kairicidade

Somos, de imediato, levados a estabelecer um paralelo analógico entre essa dupla de noções e aquela que representa o binômio tempo e temporalidade. Tal paralelo, se revela, em princípio, aceitável, não é todavia justificável sob todos os pontos de vista. Com efeito, *de um lado*, e apesar da referência habitual aos diversos aspectos do tempo (astronômico, biológico etc.), ele permanece um dado (real ou inventado, segundo as respectivas concepções) independente da intencionalidade da consciência, ela própria entendida como um feixe de tendências do agir, enquanto que o *kairós* é um dado intimamente ligado a essa intencionalidade. A intencionalidade da consciência supõe uma consciência constantemente em alerta, à espera de apanhar o *kairós* ao qual ela aspira: a ocasião mais favorável dentre muitas e excelente em relação às outras - e, apropriando-se dela, aproveitá-la ao máximo. O escoamento do tempo seria, nessas condições, indiferente à consciência, enquanto que o *kairós* se dirige diretamente a ela, ativando-a e estimulando-a na medida em que responde às suas expectativas. Sua relação mostra-se dinâmica, reduzindo o compromisso da consciência aos estados káiricos assim delimitados. *Por outro lado*, a noção de kairicidade não poderia ser, como a noção de temporalidade, uma simples abstração: ela se perfila, pelo contrário, sob a forma de qualidade real inerente à realidade do *kairós*.[10]

A kairicidade define a própria essência do *kairós*. Tempo e *kairós* determinam respectivamente a natureza e as qualidades características da temporalidade e da kairicidade. A primeira supõe uma sucessão regular de instantes; a segunda, uma ruptura nessa sucessão, ruptura excepcional, até única, apanhada antecipadamente ou vivida retrospectivamente, mas

---

10 Cf. nosso estudo sobre Kairós ou l'humanisation du temps. *Diotima*, 16, 1988, pp. 129-131.

no quadro de um movimento voluntário e, sobretudo, intencional. Uma diferença similar é sugerida pela física contemporânea, a propósito da discriminação entre tempo convencional (t), que supõe uma consciência advertida do grau de intensidade, distinto e divergente, escandido por pontuações sucessivas, percebidas em seus desvios; e tempo natural (χ), que por sua vez supõe uma consciência pouco experiente, mas que pode captar subjetivamente e apreciar, em seu proveito, tal desvio. Nesse comportamento entra em jogo a capacidade dessa consciência de se "colocar à espreita" para prever, mesmo prevenir, uma próxima cadência, entendida como uma ruptura; unicidade e multiplicidade são então encaradas fora de qualquer consideração de periodicidade.[11] Além do mais, o tempo convencional favorece o processo de aproximação da intensidade, esperada ou desejada, da ruptura focalizada. Uma vez admitido isso, a analogia constatada no início entre "tempo convencional" e temporalidade, depois entre "tempo natural" e kairicidade, parece seguramente legítima.

O que merece reflexão, na ocorrência, é a noção de ruptura. Ela designa, notadamente, a intrusão de uma descontinuidade em uma continuidade, ou nada mais que uma continuidade composta de sucessões, porém dificilmente discerníveis, por exemplo, uma sequência de instantes. A ruptura, nesse caso, intervém para mudar o curso de um processo engajado, seja independentemente da consciência, seja, eventualmente, em ligação com ela. Nos dois casos, a consciência não poderia permanecer indiferente à mudança sobrevinda ou em vias de se produzir: ela a agride, a prepara ou ainda a desafia no próprio interesse da existência. Toda ruptura se apresenta não somente enquanto mudança brusca da evolução de um processo já engajado, mas ainda como um tipo de deslizamento lento, menos diretamente perceptível, certamente, mas, em todo caso, efetivo.

Quanto à consciência, ela reage, segundo o caso, seja permanecendo inerte (sofre então uma derrota que pode se revelar nefasta, ou até catastrófica, para a existência); seja tentando atenuar as consequências negativas que a mudança ocorrida comporta para ela; seja, enfim, antecipando os fatos, indo ao encontro deles ou os provocando. Mas, com

---

11 Sobre a diferença entre tempo *convencional* (t) e tempo *natural* (χ), cf. P. VAROTSOS et al., "Some properties of the entropy in natural time", *Physical Review E.*, 71, 2005; IDEM, "Long rage correlations in the signals that precede rupture", *ibid.*, 66, 2002. Sublinharemos, todavia, que nesse mesmo quadro de diferenciação, o tempo convencional se presta melhor a uma apreciação quantitativa da busca de uma otimização, no caso de previsão de uma ruptura próxima, e nesse sentido ele se mostra complementar ao tempo natural. Cf. *infra*, p. 135, n. 1.

frequência, ela permanece à espera da fase propícia à sua intervenção. A falha, assim criada, é imediatamente valorizada e acumulada pela consciência que nela se infiltra e se instala, de início subrepticiamente, depois definitivamente, aumentando, a rigor, o desvio inicialmente formado, para dele tirar o *máximo* proveito. Na mesma medida dessa progressão, o comportamento da consciência, fiel ao seu objetivo final, torna-se preciso e se adapta cada vez mais às condições particulares já estabelecidas que ela explora a fundo para melhor valorizá-las segundo sua intenção. Sua intencionalidade também se torna, nesse sentido, continuamente precisa. De início maleável, ela se torna assim incessantemente mais para alcançar seus fins e (como é evidente), nos limites de uma ação conforme as regras da decência, de modo a não chocar as outras consciências.

Quer ela despose a forma de um afastamento, de um deslizamento, de uma falha ou de qualquer outro modelo de fratura de uma continuidade, uma ruptura aparece como a ocasião que a consciência espera, busca ou suscita a fim de se inserir em uma sequência suspensa de instantes, onde a supressão de um dos elos faz a sequência se desviar de seu curso normal, para orientá-la em uma direção diferente, frequentemente inesperada, salvo pela própria consciência. Entendida nesse sentido, a ruptura merece a qualificação de *kairós* e se presta à interação da consciência que age segundo sua intencionalidade própria: ela tira partido do menor indício para se impor sobre a marcha de acontecimentos que se apresentam objetivamente, e para aprisionar a dinâmica da sua progressão, de maneira quase definitiva, reservando-se inteiramente o privilégio de proceder ajustes corretivos e melhorar seu próprio rendimento, distinguindo, no interior do *kairós* principal, *microkairois* convidados a facilitar de seu comportamento. Então, intencionalidade da consciência e *kairós* concorrem para definir a ideia de kairicidade, como que pondo em causa, de um lado, elementos objetivos (situação que se prestam à evolução), e do outro, subjetivos (exprimindo uma vontade expressa), que tendem a dominar os anteriores em breve ou longo prazo.

2. Da intencionalidade à intenção

A noção de intencionalidade foi, como sabemos, focalizada e explorada por Husserl, no sentido de um dado de ordem epistemológica. Ela se aplica quase que exclusivamente a conteúdos da consciência que se referem a objetos nela representados. Ela constitui, então, um campo único e unificado, onde esses objetos se refletem e onde adquirem um sentido generalizado, relativo às experiências particulares, armazenadas pela consciência e integradas em um processo de generalização, no decorrer do qual se beneficiam do estatuto de *vividos*, incorporados na realidade da existência. São *referenciais* dos objetos em causa, a saber, reduções mentais que fixam o essencial desses objetos em sua totalidade e no conjunto de seus modos de representação. Concebida dessa maneira, a intencionalidade da consciência se torna um domínio onde seus objetos, transformados e reduzidos a vividos, amontoam-se e se acumulam para formar um potencial, no qual a existência põe os elementos necessários à apreciação e à valorização de novas obtenções. Isso quer dizer que a intencionalidade se afirma como potência e aptidão de absorção e de elaboração de dados, que a consciência explorará ulteriormente. Aqui se encerra seu papel de atividade, pois, com efeito, ela não passa de uma potência quase passiva: contenta-se com armazenar e agir, ademais, como elaboradora de materiais destinados a servir, sob uma forma habitual ou adaptada a circunstâncias especiais, para captar e valorizar elementos destacados, e integrá-los em conjuntos mais vastos, mais amplos e mesmo amplificados para a causa.

Essas atividades não poderiam, absolutamente, modificar o caráter quase estático da intencionalidade, tal como é considerada no quadro do pensamento husserliano. Esse permanece um pensamento focalizado, sob mais de um aspecto, no estudo e na análise do funcionamento interno da consciência e de suas modalidades de conceber a realidade sob a forma de objetos "vividos", assim imprimindo-se sobre o fundo de um conjunto de reações secundárias em potência. Entendemos por isso, não uma passividade da consciência, que dela faria um tipo de *tabula rasa*, qualificação ilustrada pelo empirismo clássico, ao contrário, o funcionamento de uma consciência concentrada em si mesma e agindo por si, estando inteiramente confinada às suas próprias dimensões e à sua própria funcionalidade.

Ela fornece à existência o material de suas iniciativas, sem constituir essas próprias iniciativas. Suas relações com a realidade se limitam, pois, a relações de dependência. Daí sua qualificação de "estática", termo que engloba a significação de uma reserva de recursos postos à disposição da existência, mas que não está propriamente disposta a agir de bom grado. Disso resulta que o termo intencionalidade adquire aqui uma significação diferente daquela a ele atribuída por Husserl, e que remonta à escolástica.

A significação que atribuímos, de nossa parte, a essa noção, tem em conta o fato de que ela é aparentada àquela de *intenção*, mas também o fato de que ela pode ser entendida em um sentido diferente daquele que lhe reconhecia a fenomenologia tradicional. Com efeito, vimos que essa última considera a intencionalidade como uma qualidade de abertura da consciência, em direção ao real de que ela se apropria, enquanto que uma filosofia da kairicidade privilegiaria uma concepção não mais estática, porém dinâmica, especialmente a que faz uma abertura em direção a uma potencialidade, a ser realizada pela consciência enquanto consciência da existência, capaz de se impor sobre o mundo real. Conforme essa concepção, intencionalidade significaria, no sentido ativo e, sobretudo, dinâmico do termo, a criação de condições de sua própria imposição sobre a realidade. Com toda evidência, não poderia ser o caso aqui de uma filosofia com qualquer matiz idealista, mas de uma atitude que preconiza uma adaptação à realidade, com a meta de subjugá-la; segundo a fórmula clássica de Fr. Bacon: «*naturae... non imperatur nisi parendo*».[12]

A realidade presta-se, seguramente, a esse gênero de tratamento. Evocaremos na ocasião a ideia, de inspiração bergsoniana, de *desígnio*, que se refere a um plano de ação adaptado à meta precisa da consciência, em vista de alcançar um resultado concreto. A diferença entre as duas atitudes preconizadas é manifesta. De um lado, trata-se de um arranjo, de ordem hermenêutica, de dados adquiridos, submetidos à elaboração e, finalmente, à apreciação de uma consciência que se limita a si própria, no interior de um circuito fechado, posto em movimento ao mesmo tempo em que suas aquisições. De outro lado, trata-se do prolongamento da atividade da consciência para fora de si, a fim de elaborar as condições nas quais ela melhor imporá, em nome da existência e em favor dos projetos de que ela acaricia, sua visão ao seu meio. Tal diferença de perspectivas

---

12 Cf. *Novum organum*, Aforisma CXXIV. «Não se comanda a natureza, a não ser obedecendo-a».

determina uma diferença de modalidades de ação. Essas duas modalidades de ação se completam: estática e dinâmica, respectivamente, asseguram o contato permanente da consciência, definitivamente entendida como consciência da existência, com a realidade, e contribuem, cada uma à sua maneira, para mantê-la em perpétua vigilância.

Mais exatamente, a maneira dinâmica de proceder da consciência põe em causa a relação entre seu projeto (seu *desígnio*) de ação e a situação objetiva, com a qual ela se confronta para realizá-lo. Essa situação não é estável. Ela é, pelo contrário, qualificada por uma fluidez de ordem quase heraclitiana, que evolui em certa direção, mas cuja evolução desposa frequentemente a retornos e desníveis que, à primeira vista, parecem súbitos e inopinados, embora de fato permaneçam aceitáveis, logo sujeitos à enumeração, a despeito de sua imprevisibilidade aparente.

A consciência, veremos em seguida, possui os meios para afrontar essa fluidez, sem deixar de tê-la em conta seriamente e até imperativamente. É justamente isso que constitui a particularidade do dinamismo de seu comportamento. Ela deve encarar todas as eventualidades, os casos possíveis ou litigiosos, as incertezas, as ambiguidades, as contingências, os equívocos, as flutuações, os imprevistos ou imprevisíveis, os jogos do acaso, as improbabilidades, os indiscerníveis, os aspectos nebulosos ou obscuros, as oscilações aleatórias e os riscos que a elas se prendem, antes de se aventurar na escolha que estima como propícia ao sucesso de sua empreitada, tanto mais se essa se apresentar habitualmente de maneira conjugada com outras perspectivas de natureza extremamente complicada. Trata-se, pois, de semear seu campo de ação e de trabalhar prontamente, mas sem pressa, a fim de obter os bons resultados previstos. Em todas as circunstâncias, a medida é requerida, apesar de, em certos casos, bastante raros, a ação instantânea ser preferível, sob a condição de ser maduramente refletida. É o que exige o preceito, para que uma consciência seja digna de ser tratada como dinâmica. Seu dinamismo é sua capacidade de projetar suas perspectivas sobre o fundo da realidade para adaptar as exigências desta às exigências de seus próprios fins.

Estática ou dinâmica, a consciência deve assumir as mesmas faculdades e as mesmas qualificações de análise, embora num dos casos, essas faculdades atuam no próprio interior de seu campo, enquanto que, no outro, são exteriores a esse campo, pois sua contribuição é requerida para a apreciação das condições nas quais essa consciência age em nome da existência e em favor desta última. Dito isso, a consciência se revela unitária, ma se diferencia e se diversifica segundo as funções que preenche e, em consequência, segundo o papel que é convidada a representar ao nível e em nome da existência. Esse papel faz com que múltiplos aspectos apareçam: ora ele se desposa uma forma que privilegia o que, em termos kantianos, chamaríamos de razão pura; ora uma forma que privilegia a razão prática etc. Contudo, uma filosofia da kairicidade, acentuando a importância de um pragmatismo fundamental, não pode, em caso algum, minimizar o aspecto cognitivo da consciência, nem mesmo negligenciar sua contribuição ao enriquecimento da existência, e se vê instada a sublinhar a importância de seu aspecto prático, para a realização da existência, permitindo-lhe perfilar-se sobre o fundo de liberdade em que permanece seu traço característico fundamental.

3. Dúvida ou exploração? Da *epoché* à *petteia*

A precipitação certamente não é a atitude recomendada para a consciência ter êxito e atingir seus objetivos. É preciso que ela prepare cuidadosamente seu campo de ação e trabalhe prontamente, mas sem pressa, a fim de obter os bons resultados previstos. Em todas as circunstâncias, a medida é requerida, embora, em certos casos ademais bem raros, a ação instantânea seja preferível, sob a condição de ser maduramente refletida. É isso que testemunha o preceito hipocrático «mais vale prevenir que remediar».[13] Não se trata absolutamente, em suma, de *abstenção*, mas de hesitação ou de *retenção*; não há *inação*, mas assim como um *recuo* para melhor *saltar adiante*. Abstenção e retenção são, na realidade, noções que foram valorizadas pela fenomenologia: a *abstenção*, com o vocábulo *epoché*, termo empregado pelo ceticismo antigo e que significa a recusa de se pronunciar em caso de dúvida; a *retenção*, para designar o caráter especial do que Husserl chama de «o instante retencional», o momento que se chama de prolongação, e que será tratado ulteriormente.

Contentar-nos-emos, aqui, de observar que esses dois termos evocam uma espécie de inércia no comportamento, uma espécie de

---
13 Cf. HIPÓCRATES, *De arte*, 11, 27 (texto condensado).

complacência e ainda uma firmeza na inação, que vai contra a reação espontânea, apressada e, por isso, arriscada. Ora, para designar a justa medida, o *métron* entre esses dois extremos, recorreremos a outro termo, também empregado na linguagem filosófica da antiguidade, a saber: *petteia*,[14] que designa a arte de deslocar os peões (*pettoi*) sobre um tabuleiro. É do estudo escrupuloso das chances de êxito de um movimento em relação àquelas de outro de que se trata aqui: atitude situada a meio caminho entre a da *epoché*, que exprime uma tendência à inércia, e o ato impulsivo que denota uma reação frequentemente irrefletida. Esse *métron*, essa moderação de ordem aristotélica, essa atitude comedida, convém à uma consciência ponderada, mais preocupada em atuar com conhecimento de causa, que alegre ou irrefletidamente, sabendo que, segundo a fórmula socrática, «ninguém é mau voluntáriamente"[15] e que só nos enganamos por ignorância.[16]

Quanto à aplicação da técnica ou, mais exatamente, do ato da *petteia* para confrontar com sucesso as circunstâncias particulares das quais se deve tirar partido, o rigor é indispensável, sem esquecer de levar também em consideração as condições nas quais os fatos se apresentam, assim como os meios disponíveis para dominá-los, e especialmente, a velocidade segundo a qual os acontecimentos se desenrolam, e que implica a outra, equivalente, da reação da consciência. Além disso, para ter acesso ao rendimento mais efetivo, essa última deve proceder a prévia avaliação do resultado provável de cada uma das opções referentes às eventualidades previsíveis da situação considerada e determinar o instante adequado da intervenção para obter o resultado esperado. Esse instante poderá ser qualificado por ora como ótimo em relação às circunstâncias, e é precisamente esse o caráter que faz dele, com justiça, um *kairós*. Na espera do *kairós*, é preciso prepararmo-nos para acolhê-lo, ou ainda provocar sua aparição e "fruição" em condições excelentes. Essa fruição equivale a um proveito e é verdade que, através da fruição do *kairós*, a existência, por intermédio da consciência, extrai disso uma satisfação real.

Ora, isso não equivale, de modo algum, a afirmar que o homem é, definitivamente, um "aproveitador", no sentido negativo do termo.

---

14 Cf. HERÁCLITO, fr. B 52 (D.-K.[16] I, 162, 5); cf. PLATÃO, *Alcib.* I, 110 e; *Charm.*, 174 b; *Gorg.*, 450 d; *Fedr.*, 274 d; *Rep.*; I, 333 b; II, 374 c; VI, 487 d; *Polít.*; 292 e; *Leis*, VII, 820c-e, que o aplica igualmente a uma certa maneira de proceder para afinar instrumentos de música.
15 Cf *Apol.*, 28d; *Protag.*, 345 d; 358 c; *Rép.*, I, 336e; *Tim.*, 86 d.
16 Cf., dentre outros, *Alcib.*, I, 118 a; *Protag.*, 360 b; *Teet.*, 176 c; *Filebo*, 22b; 48 c; *Leis*, VI, 771 e; IX, 863 c.

Não anteciparemos aqui uma questão moral que será tratada amplamente na terceira parte deste livro.¹⁷ Contentemo-nos, no momento, de assinalar o aspecto interessado da atividade da consciência; interessado, pois o que está em jogo é a continuidade e a sobrevivência da existência, através da valorização da falha káirica, que pode surgir inopinadamente sob forma de interrupção súbita, ou que é coagida a se manifestar, em virtude da *petteia* exercida pela mediação da intencionalidade. Não ultrapassar os limites do que é considerado permitido torna-se uma regra estrita para a consciência que age.¹⁸ Um jogo interno de importância capital se encontra instituído e, por assim dizer, posto em evidência no seio da consciência; um jogo de imposições e de licenças: umas impondo o respeito à permanência ao lado do aceitável e do admissível, outras favorencedo, ao sabor das circunstâncias, o desafio a essa contenção, a fim de obter um rendimento superior da energia da existência. Imposições e licenças se completam sem verdadeiramente se afrontarem, ambas prestando-se à apreciação prévia de seu potencial e de seus efeitos virtuais.

Nesse contexto, a contenção evoca e implica a prática da retenção, sem, contudo, impô-la praticamente, pois, trata-se, na verdade, de uma conduta com dois aspectos dos quais um se aplica ao exercício da inação, e o outro se aparenta a uma "submissão" por respeito às regras que impedem de negligenciar certos princípios postos pela lei moral. A retenção também se apresenta sob dois aspectos diferentes: um se refere à hesitação só provisória de agir; o outro implica o impedimento ao *kairós* de fugir, com a finalidade de fazer dele um objeto de fruição. Eis um dos sentidos que adquire, em Husserl, a noção de "tempo retencional", à qual foi feita alusão precedentemente. Mais de um poeta se empenhou em cantar as vantagens oferecidas pela suspensão, breve ou durável, do escoamento do tempo, para melhor se prestar a uma fruição perfeita por parte da consciência: Anacreonte, Horácio (*carpe diem*), Ronsard ou Lamartine, para citar, só alguns deles rivalizaram-se para ilustrar, cada um à sua maneira, as vantagens da prontidão, da fruição do momento propício ou oportuno; dito de outro modo, do *kairós*.¹⁹ O próprio termo fruição (*fruition*), há muito desusado em francês, faz diretamente alusão à ideia de saborear um fruto

---

17 Cf. *infra*, p. 128, e a n. 12.
18 E. Moutsopoulos, "Les crises historiques (discours rectoral)", Université d'Athènes, Discours Officiels, 1977-1978, pp. 57-52.
19 Cf. Anacreonte, *Ode* XVII, 10; Horácio, *Ode* I, 11, 8; Ronsard, *À Hélène*; Lamartine, *Le lac*.

colhido maduro, de um momento privilegiado e inesquecível porque praticamente único, derivando da diferença não reiterável que separa o *oupô* ("ainda não") do *oukéti* ("nunca mais"), o *minimum* káirico erigido em *optimum* pela ação "petéica" da consciência.

Esse *optimum* qualitativo da fruição, vê-se erigido em *maximum* de duração (ou de extensão),[20] tal é a importância da intensidade da aprovação, ou da satisfação produzida por se alcançar o objetivo, frequentemente atingido após um esforço considerável, ou penoso, mas também de maneira imprevisível, inesperada e como que por surpresa.[21] A kairicidade dos estados vividos pela consciência não é mais experimentada como precária e como temporária, mas, pelo contrário, como uma *fermata*, cuja duração a consciência se esforça para prolongar indefinidamente; porém, não eternamente, pois ela deve se submeter a uma lei de saturação, que se exprime mediante uma kairicidade, por assim dizer, duplamente modificada, e não mais obedecendo qualquer *peteia*, a não ser aquela que delimita o início de uma busca pelo desprendimento e pelo despojamento da consciência, através da recusa do resíduo do estado que ela acabou de viver, seguido de seu esquecimento, e depois pela busca de um novo *kairós*, conforme as novas exigências da existência. O estado vivido, enquanto fermata, exprime autenticamente a noção husserliana de instante retencional, do qual estamos agora em condições de apreciar o sentido. Quanto ao esquecimento desse "instante": não poderia ser definitivo, pois ele se presta mais frequentemente a uma rememoração criativa da ordem de uma tentativa de "busca do tempo perdido", finalmente "reencontrado", para ser de novo saboreado afinal.[22]

---

20 Cf. Moutsopoulos, *La Conscience de L'Espace*, 2ª ed., Paris, I.P.R. - Vrin, 1997, pp. 79-107.
21 Idem, *Les Plaisirs. Recherche Phénoménologique de Quelques Situations Privilégiées de la Conscience*, Athènes, Grigoris, 1975, pp. 74-95.
22 Sobre uma *peteia* («exploração tateante») préviamente *incompleta*, relativa ao kairós, e que, por isso, arrisca-se a «desencadear efeitos *inesperados*», cf. J. Wilke, "Nous autres face au même défi", *Le Même et l'Autre. Actes du XXXIe Congrès de l'ASPLF*, Budapest : SHPLF/Université ELTE, 2009, pp. 535-540.

Capítulo II

ÀS MARGENS DA LIBERDADE

1. Coações e licenças. Um "jogo" dialético

Esse jogo foi abordado no decorrer do capítulo anterior. Aqui ele será objeto de uma análise detalhada, pois ocupa um lugar preponderante no seio de todo o processo rigoroso que, através da intencionalidade da consciência, pressupõe um recurso à kairicidade. De fato, não se trata precisamente de um "jogo", mas de uma dialética. Originalmente, esse termo foi utilizado para designar um processo artístico,[23] mas também para indicar a modalidade principal, segundo a qual a atividade da consciência se manifesta. Os dados dessa dialética postos em questão são, de um lado, obrigações ditadas pelas relações corretas em relação aos outros e em relação a si mesmo, em virtude das exigências de uma conduta conveniente, digna e conforme as regras do bem-viver; de outro, princípios que decorrem da axiomática do princípio de liberdade, erguido como fundamento essencial da existência, de que a consciência é, recordemo-lo, a expressão capital.

Nesse contexto, a liberdade adquire o sentido não de um comportamento desenvolto, desafiando a decência, mas da expressão da independência da existência, partindo da consciência, que é sua manifestação dominante. "Licença" não poderia ser, nesse caso, interpretada como um desafio à decência, mas como um ato *lícito*, ou seja, situado nos limites de um comportamento autorizado, tão somente os ultrapassando ligeiramente sem, por isso, desprezá-los, e com a finalidade de melhor valorizá-los, tornando assim evidente a dinâmica, em um primeiro momento imperceptível, que dá provas de sua margem de tolerância. É por isso que se trata, nesse caso, de "jogo" e não de contraste, de oposição, ou até de antítese no seio de tal dialética que, afinal, não é uma dialética propriamente

---

23 Cf. E. Moutsopoulos. *Kairós: La Mise et L'Enjeu.* Paris, Vrin, 1991, pp. 187-191.

falando, pois supõe o respeito elementar a regras de conduta e confirma seu grau de flexibilidade. Em consequência, "licenças" designa, do ponto de vista semântico, ligeiros desvios na aplicação estreita de uma regulamentação geral, destinados a assegurar condições ótimas de intervenção da consciência, de acordo com cada situação, com os melhores resultados, logo os mais vantajosos para ela e, por isso mesmo, para a existência. Em última análise, não se trata de maneira alguma de um conflito entre regra e exceção, entre comando e desobediência, entre norma e desnível, mas, acima de tudo, de um processo especialmente escolhido visando melhor adaptar o andamento de uma operação ao ritmo imposto pela realidade.

É, pois, a emergência de uma possibilidade imprevista que ocasiona uma mudança de direção no comportamento do agente, que é a consciência consagrada ao cumprimento de seu ato no domínio do lícito, como é evidente. Mas, no interior desse mesmo campo surge o brilho de uma liberdade que, na ocasião de um ato preciso, frequentemente sem chance de se reproduzir, concretiza-se em forma de liberdade, de autonomia absoluta e incondicional, bem como em forma de disponibilidade da existência para agir. O "jogo" entre coações e licenças se torna proveitoso à excelência da ação e à conduta otimizada para uma operação integrada num projeto de atividade mais vasto. Todo pré-juizo[24] relativo à oposição entre coação e licença, entre regra moral e suas variações concretas em nome da liberdade exercida nos limites da decência e do respeito à liberdade dos outros, mostra-se caduca e equivale, por consequência, a um verdadeiro preconceito privado de qualquer valor e incapaz de ter andamento no seio de qualquer argumentação que seja.

É inegável que a descontinuidade temporal, marcada pela busca e pela valorização do *kairós*, se reflete, mesmo fracamente, sobre o fundo da distinção das etapas sucessivas que marcam, respectivamente, a alternância das reticências e dos impulsos que se aplicam, de um lado, às coações e servidões impostas à consciência, mediante regras consideradas rigorosas, e, de outro, aos voos da existência que busca se liberar da influência que a necessidade de seus atos exerce sobre ela. É essencial manter vivo um espírito de liberdade, suscetível de detectar e de enfocar não somente as falhas perceptíveis no interior da continuidade temporal para

---

24 Cf. IDEM. "Ignorancia y prejuicios". In I. A. MERINO (ed.). *Cultura y Existencia Humana: Homenaje al Prof. Jorge Uscatescu.* Madrid, Reus, 1985, pp. 245-252.

nela se inserir, mesmo que sub-repticiamente, como também de aí criar novas falhas, fazendo-as valer atribuindo-lhes um sentido positivo concreto que sedie na intencionalidade. Essas falhas, ainda que imperceptíveis em um primeiro momento, existem virtualmente e são atualizadas graças a uma intuição particular que domina o desígnio próprio da consciência sempre pronta para agir imediatamente, senão para concebê-las, ao menos para descobri-las e para elaborar as condições de sua emergência e, depois, de sua fruição.

Aqui surge um verdadeiro desenvolvimento da consciência que, respeitando uma regulamentação fundamental preconizada, lança-se em busca da melhor realização de seu projeto, empregando, com certeza, vias insólitas, mas sem ir contra princípios de base estritamente respeitável. A liberdade da existência, autenticamente expressa pela liberdade da consciência, se exerce sem contestação através de uma investigação de ordem petéica, que tende a fixar provisoriamente e de modo otimizado, a realização do projeto inicial, até modificando-o um pouco nos detalhes, para adaptá-lo mais exatamente às exigências variáveis ou imprevistas da realidade objetiva. Disso resulta que, nesse caso, a investigação prévia é reconhecida como falha ou então incompleta. Ora, até em sua fragilidade, a consciência atesta sua plena liberdade, pois é consciência de uma existência livre em si e limitada em sua própria liberdade, tendo como único objetivo não lesar a liberdade da existência do outro. O "jogo" entre coações e licenças continua, pois até o cumprimento da operação petéica e até a colocação do "toque final", para empregar uma fórmula emprestada da linguagem artística; ou "quase final", pois em uma operação desse gênero, as consequências daí decorrentes necessitam de uma vigilância constante da consciência, que deve assegurar a manutenção de suas aquisições.

Definitivamente instalada em um nível de kairicidade ou, antes, em um campo de atividade káirica que valida e ratifica toda atividade livre qualificando a realidade da existência, a consciência recria o mundo segundo sua própria intenção, modificando-lhe a estrutura concreta. Ela domina sua configuração, atribui-lhe um sentido que, aparentemente novo, constitui, de fato, a descoberta de um de seus aspectos anteriormente melhor dissimulados; aspecto que, assim desvendado, emerge da clandestinidade existencial, para apoiar a afirmação, depois a confirmação da validade de uma ação inspirada por uma determinação livremente expressa.

Hipóteses e conjeturas, postas à prova ao longo do processo da *petteia*, por ocasião da busca de um *kairós*, são apenas simples etapas na evolução da operação em curso; operação que prolonga e sela, no final das contas, a preparação do cumprimento de um ato já empreendido sob forma de realização de um propósito virtualmente esboçado.

Engajada a fundo na perseguição obstinada de um fim, cuja execução apresenta vários aspectos aleatórios, aos quais podem se acrescentar muitos entraves eventuais, a consciência abre prudentemente um caminho ao operar por hipóteses e eliminações sucessivas, até sua escolha definitiva que deve, contudo, ser validada por uma ou várias contraprovas, sob o risco de perder a ocasião tão cobiçada, por causa de uma longa série de raciocínios, ou mesmo de uma intuição imediata, executada para condensar o trabalho discursivo em um *minimum* de duração, comparável ao *minimum* káirico perseguido. A consciência trabalha, pois, para comprimir tanto seus conteúdos, ou seja, seus próprios projetos, quanto à margem de sua aplicação e o momento objetivado de suas operações respectivas.

O objetivo da atividade petéica permanece sendo a precisão de uma zona káirica mínima, erigida em zona otimizada, indispensável ao sucesso da intervenção da consciência sobre o desenrolar dos acontecimentos exteriores em curso. É urgente para ela descobrir a falha a ser explorada, deslizando nela, como uma cunha ou um ápice para, no ponto mais conveniente, interromper a continuidade do real e tirar partido disso. Não se deve mais silenciar sobre o fato de que toda ação káirica é colocada sob o signo de uma distinção das categorias do *ainda não* e do *nunca mais*, entendidas, nesse caso, como as únicas limitações da liberdade da pessoa operante. A planificação káirica, realizada graças ao método da *petteia*, nas condições já descritas, exige uma harmonização e uma coordenação entre a atitude geral da existência, mediante suas vivências, e a consciência que as fornece, mas também entre a atividade das próprias faculdades noéticas.

A busca do *kairós* situa-se regularmente, como vimos, no futuro onde a consciência se instala por antecipação, assim tornando-o um presente. Da mesma maneira, o *kairós* pode também se situar, por regressão, no passado onde ele é respectivamente encarado como presente. Essa mobilidade da consciência traduz a liberdade da existência, capaz de viver suas experiências independentemente de qualquer condição espaço-temporal restritiva. Quer se confirme como progressão ou como regressão, a lei que as categorias káiricas (*ainda não / nunca mais*) e espaço-káiricas (*aqui ainda não / nunca mais em parte alguma*) determinam, torna-se, seguramente, mais rigorosa que nunca e, por contraste, seu rigor faz ressaltar e valoriza a liberdade que qualifica tanto o estatuto da existência como o da consciência, seu florão, pelo qual ela se manifesta e que traduz o seu dinamismo. Com efeito, é esse dinamismo que se extrai através da dialética das coações e das licenças, no seio da qual a consciência funciona como intermediária entre existência e realidade objetiva, sujeita à reestruturação.

2. Uma realidade manipulável

O mundo exterior existe, com certeza, independentemente da consciência, mas mantém com ela uma relação singular. Não tem poder sobre ela senão para incitá-la a exercer uma influência sobre ele em retorno. De todo modo, consciência e mundo exterior são regidos por uma relação de interdependência; uma relação eminentemente útil à consciência, que faz apelo a todos os seus recursos para afrontar ou contornar as armadilhas que o mundo lhe estende sob a forma de desafios que são, para ela, tanto tormentos como chances de prevalecer quando ocorrer seu antagonismo com o real. O importante é, acima de tudo, superar e vencer as dificuldades que se apresentam a ela, manobrando com perícia e previdência em seu procedimento quanto ao desenrolar dos acontecimentos, segundo seus favoráveis ou desfavoráveis resultados. Nesse quadro, sua clarividência, sua perspicácia, ou sua prudência, podem seguramente contribuir para melhorar as chances de sucesso. Seu êxito depende, decididamente, dos meios empregados para esse fim. O mais eficaz para ela, evidentemente, seria se colocar sobre um plano de kairicidade a fim de descobrir com certeza a falha na qual ela conseguirá se inserir mais fácil e mais eficazmente possível, para desviar em seu benefício, a evolução previsível da situação considerada.

A atitude káirica da consciência repousa sobre essa reação, anteriormente qualificada de pragmatista. Com efeito, o essencial para ela (e, por extensão, para a própria existência) é superar os avatares que lesariam sua própria continuidade, criando uma descontinuidade no seio do real, caso esse se tornasse difícil de encarar ou, pior, se ameaçasse sua liberdade de conduta. Em virtude e em nome dessa liberdade fundamental, a consciência

opera para evitar os perigos incorridos pela existência, contornar os escolhos, descartar as dificuldades e vencer os inconvenientes, recorrendo aos mais apropriados meios disponíveis. Quanto mais a consciência é experiente em um campo, mais sua intervenção será pronta e correta, particularmente nas situações imprevistas, graças ao conhecimento dos meios a serem utilizados e graças ao modo de torná-los operacionais. Dentre esses, a *petteia* é indubitavelmente o mais operante: ela não é propriamente um instrumento, é antes um método experimentado, utilizado como detector ultrassensível, que escrutina o horizonte em busca de uma brecha a ser explorada, a qual, eventualmente, abriria perspectivas novas para examinar, mas que, na maior parte dos casos, são já pressentidas, suspeitadas, esperadas ou temidas. É nessa abertura que a consciência se introduz para valorizá-la enquanto viragem no decorrer de um desenvolvimento, e erigi-la como cisão. Errar o local exato seria uma imperícia de sua parte e levaria ao fracasso da operação. Afastar toda eventualidade do demasiado e do excessivamente pouco, da falta e do excesso, alcançar e respeitar a justa medida, é conformar-se às exigências de uma situação, na expectativa do instante propício para se beneficiar da reviravolta que garantirá o feliz resultado da ação em curso. Aristóteles acentua esse traço em seu exame da importância da medida que representa o respeito das distâncias entre excesso e falta,[25] nisso seguido por seus adeptos Teofrasto[26] e Tomás de Aquino,[27] entre outros, mas também por certos estetas.[28]

O centro de gravidade dessa concepção é colocado no nível de flutuação da busca da precisão. É suficiente legitimar a regra de aproximação a propósito da definição de um *kairós*. É aí que se situa o desafio. Já foi dito que no interior de um *kairós* (que não é um ponto explicitamente isolado, mas antes uma zona extensível que contém vários *microkairois*), é conveniente distinguir graus de exatidão. Ora, mais exatidão na apreensão de um *kairós* não o torna, forçosamente, mais oportuno. Incumbe à consciência estimar-lhe o valor e operar consequentemente, tanto quanto ele admite certa aproximação. Essa consideração faz apelo à liberdade da consciência de avaliar uma situação segundo parâmetros que não são

---

25   E. Moutsopoulos. "La fonction du *kairós* chez Aristote". In: Idem. *Kairós*, pp. 73-76.
26   Cf. Idem. "Theophrastus, the Scientist and the Philosopher". *Thought, Culture, Action. Studies in the Theory of Values and its Greek Sources*. Athens, Academy of Athens, 2006, pp. 69-72.
27   Cf. por ex., *Summa theol.*, 2a 2ae, 77, 2.
28   Cf. E. Moutsopoulos. "Le viol des symétries et le kairós comme *métron* de l'art". *Metrum of Art*, Cracóvia, Jagiellonski Univ., 1991, pp. 134-137.

diretamente concernentes a um processo káirico já encetado, mas que são capazes de influenciar a marcha prevista de uma empreitada, na qualidade de efeitos laterais (ou secundários).

A aproximação em questão seria, evidentemente, preferível à omissão total do *kairós*. Ela poderia, na ocasião, tornar-se enriquecedora para a realização de sua apropriação, pois oferece uma margem suplementar à liberdade de ação da consciência. É manifesto que a estrutura do *kairós* se presta a esse jogo, que leva em conta elementos de ordem quantitativa: ela facilita sua apreciação prévia e impele a consciência a agir mais rapidamente, preservando-a de especulações muito complicadas, suscetíveis de retardar sua intervenção. Daí a importância adquirida pela determinação, mesmo um pouco incompleta, do *kairós*, sob condição de não arruinar o processo da *petteia* engajada. Ademais, a realidade objetiva, sujeita à avaliação, admite, como mostramos anteriormente, uma reestruturação radical, porque na maior parte dos casos ela está de acordo e, algumas vezes, de modo acrescido, especialmente quando parece seguir uma via aleatória, submetida a uma manipulação direta.

Sob essa luz, liberto de qualquer sombra de determinismo, o concurso da consciência vê-se altamente facilitado, porque não sujeito a qualquer restrição que seja. As faculdades cognitivas são capazes de dar livre curso à sua eficácia e ao seu rendimento. O jogo petéico de exploração se reveste, nesse contexto, de formas diversas, segundo as circunstâncias e as necessidades da causa presumida. A avaliação aproximativa do *kairós* está, doravante, em condições de não lesar a evolução da operação em curso e, ademais, em certas circunstâncias de facilitar-lhe o desenrolar sem por isso invalidar o peso da exatidão da deliberação relativa à fixação do *kairós* que será determinado como minimalidade ótima. A realidade objetiva é vista sob o aspecto de um tema principal que admite desenvolvimentos alternativos sob forma de variações. A consciência está, desde então, habilitada a suportar uma escolha justificada sobre a eventualidade que ela julga como adequada aos seus projetos de maior ou menor alento, e corespondendo melhor às suas possibilidades de abordagem. Da maleabilidade da realidade dependerão a facilidade e a leveza para fazer desviar o caminho previsível de uma situação dada e de fazer aplicar a lei da possibilidade de ingerência da existência, em seu meio imediato. Contanto que essa ação não entrave em nada a lei moral, a consciência está livre para afrontar a realidade e direcionar-lhe o eixo, seja definitivamente, seja supervisionando o desenvolvimento, conforme suas próprias intenções permaneçam constantes, ou estejam sujeitas a modificação. Em todos os casos considerados, é imperativamente necessário que a consciência se dobre às exigências da realidade, antes de passar à ação.

3. A espera de uma *akmé*

Esse termo, emprestado do grego, indica o corte de uma faca, ou melhor, o fio de uma navalha[29] e, por metáfora, a aparência de um *kairós*, considerando que um *kairós* comporta uma duração (ou uma extensão), mesmo que exígua, sendo aparentado, portanto, a uma zona sem amplitude, mas, de nenhum modo negligenciável, pelo fato de que ela é suscetível de conter *microkairois*. O termo *akmé* pode ser, em suma, encarado como que designando um *minimum* e um *optimum* ao mesmo tempo. Em consequência, entenderemos por esse termo um ponto de equilíbrio sobre o qual nos mantemos com dificuldade, antes de cair de uma vertente ou outra de um cimo: ponto de equilíbrio julgado instável, pois se presta ao equívoco e permite todos os resultados possíveis de uma empreitada. É preciso alcançar esse cimo, atacando-o pela vertente mais acessível, para saltar sobre sua superfície menos perigosa, se quisermos nos manter algum tempo sem cair. É também o caso da manutenção de uma fermata, mas que se adapta de modo inteiramente especial à fruição de um *kairós*. A manutenção sobre esse cimo, se foi desejado, equivale bem a essa fruição. Esse equilíbrio instável necessita de um verdadeiro pensamento estável, que possa suportar-lhe os riscos.

Os passos desse procedimento não são, em caso algum, submetidos a uma elaboração algorítmica rigorosa, da ordem da "característica universal" preconizada por Leibniz, e depois, *mutatis mutandis*, por Hilbert, seu êmulo. Tal logicidade válida globalmente é inimaginável após o teorema de limitação (*incompleteness*), enunciado por Gödel.[30] Os parâmetros

---

29 Cf. *Ilíada*, K 173; SIMONDE, 103; TEÓGNIS, 557; HERÓDOTO, V, 11; ÉSQUILO, *Coéf.*, 883; SÓFOCLES, *Antig.*, 996; EURÍPIDES, *Herac.*, 630; TEÓCRITO, 22, 6. Cf. E. MOUTSOPOULOS. "Kairós: balance ou rasoir? La statue de Lysippe et l'épigramme de Poseidippos". *Diotima*, 25, 1997, pp. 134-135.
30 Cf. D. HILBERT. "Axiomatisches Denken". *Math. Annalen*, 78, 1918, pp. 405-415; K. GÖDEL. *On Undecidable Propositions of Formal Mathematical Systems*, Princeton, 1934; E. MOUTSOPOULOS. *La pensée et l'erreur*, Athènes, 1961, pp. 6-7.

impoderáveis inerentes a uma problemática fazem com que toda certeza seja, na ocorrência, necessariamente excluída, porque toda afirmação pode ser desmentida e os dados aparentes de uma situação estão sujeitos à avaliação errônea, em função de alguma iniciativa imprevista da consciência, seguida por um lampejo de inventividade intuitiva de sua parte. O acesso a uma verdade se faz por "tiros" preparatórios sucessivos, destinados à aproximação progressiva de um alvo.[31] É evidentemente, o método que a consciência segue para aceder ao *kairós*. A *akmé* permanece o cimo, o *summum*, o ponto culminante de uma ascensão e, conjuntamente, o ponto a partir do qual principia uma descida sob a forma de queda ou a rigor de simples deslizamento. Toda ascensão é tida como penosa, especialmente pelo esforço que ela exige para se vencer a gravidade. Pode-se, então, aí discernir uma pura imagem analógica, porque a descida reclama outros esforços, tanto que se deve evitar que ela se torne uma catástrofe. Manter-se no ponto culminante requer a mais intensa contenção: um passo a mais, é mergulhar no abismo para jamais emergir. Guardar por tanto tempo quanto for possível sua posição, agarrando-se, se for preciso, às mais rudes, às mais duras e às mais árduas asperezas, torna-se uma obrigação.

A esperança e a expectativa de tudo é ganhar ou a apreensão de perder tudo que está em jogo? Na realidade, não é nada disso: nem perda nem ganho são absolutos. Em todo projeto, seja ou não conduzido ao seu termo, abandonamos mais frequentemente, visto o esforço desdobrado, uma parte mais ou menos importante do potencial investido. É, de resto, um aspecto fundamental da dialética káirica da posição e do desafio e é, aliás, verdadeiro que toda tentativa káirica corresponde a uma aposta. A consciência deve, então, apreciar primeiro: 1) a importância do desafio em causa; 2) o que é suscetível de lhe oferecer; 3) se ela dispõe facilmente da posição requisitada, ou seja, se as forças residuais disponíveis são suficientes para assegurar sua sobrevivência em caso de fracasso; enfim, 4) os meios aos quais ela recorrerá e por qual viés ela chegará ao seu objetivo. Não se pode, em caso algum, falar de um jogo de puro acaso, do qual se espera passivamente o resultado, mas antes de uma concorrência com uma força antagonista; concorrência que necessita de um cálculo mental preliminar, mas cujos parâmetros são suscetíveis de variar. É, pois, imperativo fazer apelo às reservas da intuição, quando ela se manifesta como agente de comportamento livre de qualquer

---

31 Cf. *ibid.*, p. 121.

obrigação, vindo em socorro do pensamento discursivo, com a finalidade de resolver as complicações engendradas por uma crise no desenrolar de uma ação.

Jamais se porá em dúvida a afinidade etimológica das noções de *krisis* e *kairós*, sendo ambas redutíveis à de *corte*[32] e, ademais, assimiladas à de *discernimento*, sem mencionar outras conexões de origem indo-europeia, tais como a de seccionamento ou de *partilha por divisão*.[33] O termo *crise* implica a ideia de julgamento que, por sua vez, evoca a de repartição, de discriminação, de separação. Com efeito, *krisis* indica, na medicina, seja o fim da fase de agravamento da doença e o começo da fase de cura, seja o início do declínio que conduz à morte.

A uma mudança inopinada e imprevista do estado do doente, o médico deve reagir prontamente com uma terapêutica apropriada[34] e respeitar as exigências do *kairós* para não agir fora de hora.[35] *Krisis* e *kairós* se reúnem no quadro de uma intervenção eficaz, que visa o sucesso de uma empreitada; o fracasso dessa empreitada marcaria a derrota da consciência e a falência da existência. É forçoso constatar que tudo se passa sobre o fundo da kairicidade: previdência prometéica e negligência epimetéica regem a vida do espírito por suas respectivas consequências, e contribuem para sublinhar a importância de uma concepção pragmatista da energia humana, com relação ao devir das situações a serem encaradas e reguladas livremente. Sabe-se, contudo, que não é verdade que a realidade de uma empreitada cujo resultado é bem-sucedido, e isso com o respeito total previamente confirmado das obrigações impostas pela lei moral,[36] deixe de levar em conta as exigências especiais da necessidade de bem conduzir uma tentativa que se mostra como de importância capital para a existência, a qual, em um impulso de ultrapassamento da temporalidade convencional, instala-se definitivamente em plena kairicidade.

---

32 Cf. M. Trédé, *op. cit.*, pp. 52-53.
33 Cf. al. *Schere* ("tesoura") ing. *share* ("parte").
34 Cf. Hipócrates, *Reg. Mal. Aiguës*, Littré, II, p. 278, § 8.
35 Cf. *ibid.*, p. 296.
36 Cf. E. Mousopoulos. "Métaphysique des mœurs et éthique kantienne". *Droit et Vertu Chez Kant.* Paris, Vrin, 1997, pp. 1-2.

Capítulo III
Kairicidade e erro

1. O engano káirico

Distinguir o *kairós* congruente para operar judiciosamente, não é coisa fácil; supõe-se primeiro um espírito claro e lúcido, liberto de qualquer estado emotivo; depois, um conhecimento exato do *kairós* buscado e das chances que apresenta para ser atingido e saboreado; enfim, um método apropriado para aceder a ele. O conjunto exige uma preparação sólida para chegar a resultados positivos. É preciso recordar a passagem do *Teeteto* platônico, no qual se trata do criador de pombos que, esforçando-se, no interior de seu pombal para capturar um pássaro determinado, finalmente pega um outro:[37] cena pitoresca, instrutiva. Ela não cobre, contudo, todas as categorias de engano e de mal-entendido. Corresponde mais explicitamente a esse ato involuntário chamado de *lapso* que, para a psicanálise, não é. A propósito disso constatamos de uma vez, que todo lapso se apresenta sob a forma de uma confusão nos termos da qual uma mudança imperceptível é levada em consideração, mudança que não foi assinalada claramente e, sobretudo, *a tempo*. A consciência se comporta, nesse caso, como um autômato e faz pensar no passo maquinal da pessoa que escorrega na casca de banana, e cuja queda inopinada desencadeia o riso dos outros, segundo Bergson, para quem «as atitudes, gestos e movimentos do corpo humano são risíveis, na exata medida em que esse corpo faz pensar numa simples mecânica».[38] É evidente que tais atitudes não provocam somente o riso, mas se prestam igualmente a qualificar situações no mínimo desagradáveis. Se essa menção tem seu lugar aqui, é porque faz apelo a «um efeito de dureza ou de rapidez adquirida»,[39] ou melhor, com a fórmula: "o mecânico chapeado sobre o vivo".

Foi feita referência a estados muito diversos, mas cujo caráter comum reside em que somente uma parte da realidade é verdadeiramente

---
37 Cf. Plat., *Teet.*, 197c; 198b; 200b.
38 Cf. H. Bergson. Le rire. *Œuvres.* Éd. du Centenaire, Paris, P.U.F., 1959, p. 401.
39 *Ibid.*, p. 391.

consciente, o resto permanecendo cambiável (é o caso do exemplo fornecido pelo *Teeteto*) ou desconhecido (é o caso do caminhante atordoado). Tanto uma como outra dessas eventualidades não poderia ser evitada, visto a insuficiência da adaptação da consciência às condições reais nas quais ela age, e da imperfeição da preparação de sua ação. Além disso, a ação káirica é tida como intencional; ela deveria por consequência, seguir todos os estados preliminares de aproximação káirica requiridos. Ora, acontece que ela seja no caso do lapso, inteiramente independente do objetivo realmente perseguido, sem ser por isso livre; ela aparece como um movimento guindado, um automatismo que conduz diretamente a um fracasso dramático. Privada de preparação káirica minuciosa, desemboca necessariamente num verdadeiro fiasco; daí o ridículo com o que a pessoa em causa é frequentemente coberta, daí também o drama que o fracasso sofrido implica a ela. Se deseja generalizar a regra que rege os casos qualificáveis como lapso, concordar-se em ver neles uma inadequação e um desacordo da consciência a respeito de circunstâncias que ela não pode ou não sabe levar em conta, de condições que lhe escapam e diante das quais ela permanece passiva, sem ousar (ou mesmo pensar em) considerá-las como eventuais entraves em seu caminho.

Completamente diferente é a natureza do *errôneo*: ele é evidentemente considerado como oposto àquilo que é *correto* e que, ao contrário do erro, diversificado ao infinito, distingue-se por sua unicidade absoluta. Do ponto de vista da kairicidade, o erro é visto como uma errância, um desgarramento com relação à retidão. Ele se aproxima do lapso pela informação incompleta de que a consciência é vítima e que a faz desviar-se do "caminho reto" e se engajar em uma aventura com fim imprevisível, se houver um. O erro e o lapso são, no entanto, diferentes, dado que esse último tem como resultado inevitavelmente um fracasso total, enquanto que, no caso do erro, a consciência é a todo momento suscetível de se recuperar e de evitar, assim, uma errância eterna, para atingir, no dizer de Proclo, graças à aquisição, mesmo que tardia, de um saber que lhe faltava até então, um porto salutar que porá fim à sua odisseia.[40] Diadóco retoma aqui o ensinamento de Sócrates, para quem o maior mal para a consciência é a ignorância.[41] O caminho percorrido pelo erro, digamos por desvio

---

40 Cf. Proclo, *in Parmen.*, 1075, pp. 34-35, Cousin. Cf. E. Moutsopoulos. L'odyssée de la conscience. In IDEM. *Parcours de Proclus*. Paris, CIEPA-Vrin, 1994, p. 12.
41 Cf. Proclo, *in Alcib. I*, 53, pp. 10-13.

do caminho reto (e isso por ausência de informações preliminares pertinentes), pode ser coberto em sentido inverso, seja inteiramente seja em parte, pela busca do local exato onde o desvio se produziu, a fim de que o curso possa, então, ser renovado na direção requerida. Ao contrário do que se passa no caso do lapso, onde nada é recuperável, pois só se tem consciência dele *depois*, isto é, quando é *tarde demais*, no caso do erro é sempre possível voltar atrás para se engajar em outra empreitada. Talvez seja esse o sentido profundo do aforismo husserliano que diz que o filósofo é um eterno principiante.

Para fixar os espíritos, muitas vezes reenviamos ao passado, à imagem de um plano geométrico, a partir de um ponto do qual uma perpendicular seria traçada, representando a retidão. Qualquer outra reta oblíqua partindo do ponto representaria um desvio inegável da única retidão. Na mesma ordem de ideias, o *mendaz* ou *mentiroso* apareceria como o aspecto oposto, invertido, da retidão, a saber: como o prolongamento da perpendicular inicial, porém do outro lado do plano focalizado no início, retomando *punctum contra punctum* as etapas dadas dessa perpendicular, com o único objetivo de parecer verossimil, antes de se revelar francamente falso. Enfim, o hipotético é um aspecto do real, encarado sob ressalvas. Pode-se julgá-lo aceitável, mas é também possível eliminá-lo após um exame exaustivo. É ele que se presta, por excelência, ao processo petéico, pois é, com o mesmo direito, verdadeiro ou falso. De fato, a lógica bivalente parece em grande parte restritiva, enquanto se limita a discernir somente dois valores epistemológicos. A realidade é mais complexa, pois não se estende somente ao domínio do correto, frequentemente confundido com o verdadeiro, mas ainda àquele do errôneo, até ao do hipotético e, bem entendido, com exclusão do domínio do mendaz. Resulta dessa análise que correto, errôneo e hipotético constituem, todos juntos, embora cada um à sua maneira específica e nos limites de suas próprias caraterísticas, o campo alargado do verdadeiro, considerado enquanto categoria.

Errôneo e hipotético podem ser considerados como geradores de retidão, em virtude das funções distintas que preenchem nesse campo alargado. O papel que essas categorias representam no processo da busca e da precisão do *kairós*, especialmente no da fixação de um ponto de referência, de importância particularmente decisiva para uma operação mental que preludia uma ação, é inegável. Lapso e erro são modalidades de comportamento da consciência, devidas a algum engano, das quais uma é irreversível e a outra, corrigível. Nesse contexto, à rigidez lógica autêntica do correto, opõe-se não somente a rigidez aparente e viciada do mendaz, cujo exame proposto põe em relevo o lugar preciso onde se inserem uma ou várias alterações voluntárias do verdadeiro, mas ainda a *leveza* do errôneo e do hipotético, agentes veiculadores de liberdade.

A liberdade torna-se, assim, um fator incontornável de uma operação mental visando a determinação exata das condições requeridas para o êxito de uma tentativa e para a realização completa de um projeto já concebido e considerado. Quer seja um ato deliberado ou forçado, um ato criador ou corretivo, levar em conta o fator de liberdade no curso a busca do *kairós*, do local e do instante que mais convêm às circunstâncias e que lhe melhor garantem o resultado feliz, é indispensável. Evidentemente, é a liberdade que se perfila sempre por detrás de todo engano, tanto como por detrás de toda vontade de superar não somente o engano, mas também as inumeráveis confusões e outras complicações que ele engendra.

2. O *kairós* malsucedido

O que precede é visivelmente relativo tão somente ao aspecto teórico do erro e das noções que lhe são aparentadas e até assimiladas no interior da oposição, por demais inflexível (vimos isso a respeito da bivalência corrente, que faz apelo unicamente às categorias do verdadeiro e do falso). Trata-se, no que se segue, de estudar as condições explícitas, que fazem com que a consciência se engane acerca de um *kairós* que ela está em vias de perder. Essas condições são redutíveis a duas ordens, que se referem respectivamente às *causas* do fracasso e às *formas* que ele pode revestir. Examinemos primeiramente as causas: elas podem ser endógenas ou exógenas, ou ambas ao mesmo tempo. As causas endógenas são inerentes ao funcionamento da própria consciência: são de ordem psicológica, lógica ou moral. Quanto ao que concerne às causas psicológicas, erro e retidão só existem, em geral, na medida em que existe um pensamento ativo. É no quadro desse pensamento que se forjam as intenções (ou projetos) que se tornam as motivações a estimular as faculdades mentais. Sem motivações intencionais o pensamento káirico não poderia se manifestar. A primeira intenção que o mobiliza, localiza-se no nível da crença em poder agir de maneira a obter ganho de causa. A crença é aqui compreendida enquanto *opinião*, tal como Platão a concebe, por exemplo, distinguindo duas espécies: a mera opinião,[42] que pode ser falsa, e a *opinião correta* ou raciocinada.[43] Ela pode também ser compreendida enquanto fé e certeza presumida a respeito do caráter realizável do projeto concreto formulado.

Todo julgamento é, em substância, a afirmação de seu conteúdo. É fundado sobre aquilo que se convencionou chamar de um "axioma simplificador" e que se revela como extremamente perigoso para a retidão desse julgamento. Ao afirmar, por exemplo, que o Partenon está situado sobre a Acrópole, *pretende-se* certificar que isso é verdadeiro e exato, o que poderia eventualmente não ser o caso. Uma afirmação pode, pois, parecer incompleta, ao menos se der para ela uma prova convincente. No pensamento, tudo concorre para erigir uma crença como certeza, em detrimento de sua validade. O conjunto da vida psíquica seguramente contribui para engendrar o erro. Somente a coesão lógica perfeita de um arrazoado garante o princípio da retidão. Além disso, no decorrer de seu andamento, o pensamento se deixa influenciar por fatores contraditórios, negligenciando, por exemplo, controlar a pertinência do objeto de sua referência. A explicação é dada pela coexistência frequente de fatores de caráter emotivo, ou emanando do campo da vontade, cujo conflito poderia conduzir à dúvida ou à angústia. A dúvida permanece, certamente, o verdadeiro bastião da liberdade intelectual, mas – e é o que já constatamos – sua ativação é retardada, senão suprimida, precisamente por causa da apreensão inconsciente de que tal dúvida leve a criar um estado de angústia. Ao contrário, somente a potência do *creo*, reestruturação do universo, pode pretender completar a potência do *cogito*. A evidência do objeto da crença só pode ser fundada subjetivamente. Da crença, resulta diretamente má-fé, preconceito e pré-julgamento.

Encontramos a negligência dos fatores que induzem a erro e conduzem ao engano na busca do *kairós*, junto do exame das causas lógicas e morais que implicam sua localização errônea. Seria bom recordar, a

---

42 Cf., por ex., Platão, *Fedro*, 275a; *Leis*, I, 649b.
43 Cf. Idem, *Menon*, 97b; 98a-b; *Crát.*, 387b; *Político*, 278c; *Teet.*, 161d. Cf. Yvon Lafrance, *La théorie platonicienne de la "doxa"*, Paris – Montréal, Les Belles Lettres-Bellarmin, 1981, especialmente pp. 83-115. Cf. a resenha por E. Moutsopoulos, *Diotima*, 12, 1984, pp. 217-219; cf. Idem, "La notion de croyance chez Platon", *ibid.*, 23, 1995, pp. 143-151.

esse respeito, a diferença essencial entre verdade e retidão: a verdade não está isenta de uma parte de erro, enquanto que a retidão dele se liberta completamente, pois, funda-se sobre sua própria unicidade, que não admite nem mistura, nem dosagem, nem combinação. O erro é sustentado, em primeiro lugar, pela possibilidade do virtual e, em segundo lugar, pela intencionalidade da consciência, entendida como intenção que cria seu próprio objetivo, em direção ao qual ela se orienta. Na pressa de juntar-se a ele, a consciência negligencia, ainda aqui, examinar cuidadosamente a retidão e a integridade de seus raciocínios, sem detectar-lhes os defeitos, preocupada em distinguir só as brechas por onde ela deslizará na realidade que encara sob um aspecto káirico. Por mais curioso que isso possa parecer, o pensamento está sujeito a erro, especialmente em razão de sua atividade, isto é, de suas próprias iniciativas. Um pensamento passivo, supondo-se que tal eventualidade possa ser considerada, seria, certamente, isento de erro. Também um raio de liberdade se infiltra no rigor lógico de um raciocínio, mesmo ligeiramente defeituoso. O erro só habita o pensamento quando é preciso interpretar os elementos de que este dispõe. Entretanto, a partir do momento em que aí se introduz, engloba ao mesmo tempo numerosos dados extra noéticos, aos quais faltam clareza e precisão.

Seria necessário recordar que a lógica moderna, inspirada na iniciativa leibniziana, tentou, várias vezes, explicitar um sistema de registro das operações complicadas da intelecção? Ora, qualquer tentativa desse gênero está *a priori* condenada, conforme o que foi dito precedentemente,[44] pois erigir tal sistema revela-se impossível, visto a incerteza que essas operações implicam, em certos casos, visto também a diversidade da natureza dos dados elementares manipulados. O pensamento é capaz de apreender mesmo o que não lhe é imediatamente apresentado, graças à liberdade que o qualifica. O real não é forçosamente assimilável ao correto, como Hegel o pretende a respeito do "racional" e vice-versa.[45] A diferença entre verdade e erro se limita à precisão da significação, ou seja, da acepção atribuída a um dado em um caso particular. Essa acepção (que na verdade é uma interpretação) pode variar de um caso a outro e, por isso, implicar uma mudança de atitude da consciência face a seu objetivo, que permanece sendo, essencialmente, a busca da falha káirica, pela qual se engajará

---

44 Cf. *supra*, p. 41 e a n. 8.
45 Cf. G.W.F. HEGEL, *Encyclopédie* (trad. M. de Gandillac), §24 et add.

no campo da realidade. Daí, o erro não é mais concebível fora de um julgamento, especialmente indutivo, que mais se presta, até por excelência, a uma generalização excessiva da apreciação do lugar requerido para a operação káirica.

Assim nasce um pseudo-problema: aquele que, para a consciência, consiste em seu encarniçamento para se infiltrar em uma brecha aparente da continuidade ou que, embora real, não é mais a boa, porque não mais corresponde às perspectivas da consciência. As mudanças sobrevindas entrementes, no decorrer dos acontecimentos, modificaram a situação objetiva e, então, o ponto de impacto, inicialmente previsto como o mais justificável para sua intervenção foi mesmo que ligeiramente (mas significativamente, logo dramaticamente) deslocado: desvio que se traduz por um fracasso de coordenação dos esforços desdobrados para atingir o objetivo, depois dobrá-lo à perspectiva originalmente estabelecida. A explicação lógica da deformação psicológica de um raciocínio káirico remete à tendência dicotômica observada no funcionamento da consciência que procede, habitualmente, excluindo qualquer terceira eventualidade em sua apreciação de uma situação. Isso se reflete em sua maneira de tratar uma indução sob forma de aposta, no interior de uma dialética de liberdade e de limitação de suas chances de erro, na ocasião da sua busca de um *kairós* concordante com suas legítimas ambições, portanto aceitáveis no nível de um código moral que respeite a liberdade intrínseca da existência humana.

Quanto às causas morais de sua indução em erro, por ocasião da sua busca do *kairós*, admitiremos que a consciência desposa, de fato, o aspecto da verdade aparentemente mais adaptável à sua intencionalidade. E é no quadro desse aspecto que ela deve identificar um erro cometido, quer se trate de um verdadeiro erro, isto é de um desgarramento durável, prolongado e persistente, ou de um lapso instantâneo, todas as formas de comportamento aberrante decorrendo de um defeito, de uma ilusão ou de um mal-entendido corrigível, seja durante o trajeto (no caso do erro), consistindo em voltar atrás, seja depois (no caso do lapso), esforçando-se, por exemplo, para se reerguer após uma queda. Um lapso é frequentemente inevitável; as consequências de um erro são, em princípio, evitáveis, se cuida de remediar a tempo.

Ao contrário, um caso especial de persistência no erro põe um problema para qualquer um que deva salvaguardar sua honra. Consciente de estar correndo para sua perda, se obstina em sua escolha inicial, defende a favor e contra tudo à sua dignidade, recusando renegar-se para continuar a subsistir materialmente na desonra. Trata-se aqui de uma decisão conforme a um dever moral (o de não sucumbir à ameaça de um perigo evidente, porque eminente), decisão tomada deliberadamente, segundo a exigência da lei moral: é o *gran rifiuto* dantesco.[46] É nesse sentido que se conduzem as pessoas e os grupos que recusam submeter-se, não renunciando às suas próprias aspirações, ao seu próprio passado. Se nessa circunstância há renúncia, é uma renúncia de si, uma abnegação, um sacrifício que toma então o nome de Termópilas, de Numância, de Montségur, e garante a permanência de um estado de liberdade.[47] Recusar todo "medianismo", tudo retornar em proveito do Outro, torna-se sinônimo de salvaguarda de seu passado e da estima de si. Ao contrário, reconhecer seu erro supõe uma coragem inegável. Quer esteja ou não no erro, a consciência é sempre responsável por seu comportamento. O erro é o verdadeiro de onde está ausente o elemento de retidão. Ele aparece não como brilho do irracional, mas como um simples desvio, frequentemente provisório, do caminho reto. Enfim, no plano artístico, o erro estético se justifica pela liberdade criativa que ele supõe. Ainda aí, elementos káiricos são buscados e evidenciados para realçar o aspecto original da obra criada.

Correto e errôneo aparecem, desde então, como respectivos substitutos dos objetos do pensamento e de sua busca do *kairós*, respondendo à sua intenção íntima. O erro, na perseguição do *kairós*, denota um instante livremente recortado em uma realidade fixada a um nível eventual, em virtude da liberdade da consciência. Entretanto, as *formas* o erro desposa diversificam-se ao infinito, em função da diversidade dos objetivos das intenções. Todo subjetivismo corre o risco de provocar um erro na localização do *kairós*. Pela forma que impõe ao seu erro, o pensamento reconstrói e remodela o mundo. Notaremos, a respeito disso, a confusão de Dilthey, que reduz o caráter real das vivências ao caráter "verdadeiro" que ele atribui aos conteúdos nocionais da consciência.[48] Essa inadequação de

---

46 Em um sentido inverso. Cf. Dante, *Inf.*, III, 60.
47 Cf. E. Moutsopoulos, "Le sacrifice comme acte historique", *La liberté comme sacrifice. Actes du Symposium*, Athènes, 1991 (Public. de la Soc. Hellénique d'Études Philos., Série Témoignages", n° 2), pp. 21-23.
48 Cf. G. Misch, *Lebensphilosophie und Phänomenologie. Eine Einandersetzung der Diltheyschen Richtung mit Heidegger und Husserl*. 2ª ed., Leipzig, Teubner; cf. Idem, *Vom Lebens- und Gedankenkreis Wilhelm Diltheys*, Frankfurt, Schulte-Bulmke, 1947, pp. 35-36.

fundo não poderia justificar a inadequação de forma, denotada no erro acerca do *kairós*. As duas principais formas encarnadas pelo erro são uma forma lógica e uma forma empírica. Como todo erro, o erro káirico torna-se uma pré-verdade; através dela a consciência está em condições de alcançar, por aproximações sucessivas, o autêntico aspecto correto do *kairós*, para se apossar e gozar dele, antes de retomar sua interminável busca em direção à fruição do *kairós* seguinte.

3. O *kairós* recuperado

O *kairós* malsucedido com certeza não é recapturado automaticamente, mas necessita, com essa finalidade, de uma longa preparação. A consciência deve se desembaraçar préviamente, das sequelas de sua atividade errônea precedente: extenuação, desencorajamento, cansaço, desorientação. Após ter-se recuperado, para renovar os laços com sua atitude original, ela deve escrutinar as causas que motivaram seu fracasso, enumerar os eventuais passos em falso que a conduziram a isso, e avaliar a incorreção dos encaminhamentos que ela poderia ter evitado. Transpostas essas etapas, incumbe-lhe assegurar-se da continuidade precisa e inalterada de sua atividade intencional face a uma situação, e convencer-se de que a situação em causa permanece também definitivamente imutável, sendo-lhe possível, no caso, retomar sua busca do *kairós* malsucedido, na falta do que ela deverá se reconstituir, de início, toda uma paisagem inédita, na qual se introduzirá de maneira favorável, para exercer sua atividade com felicidade.

Uma reavaliação constante da situação, seguida de um remanejamento da disposição, determinação, perspectiva e do programa concreto da consciência, criam as condições, tanto objetivas quanto subjetivas, benéficas ao empreendimento de uma nova operação, não mais retificadora da operação anterior abortada, mas inteiramente nova, tendo em comum com a anterior somente a persistência em perseguir um fim especial, mais ou menos fixo, que só pode ser atingido graças a uma perseverança à toda prova. Essa perseverança é a marca de uma consciência qualificada pela coragem, firmeza e resistência que, sem tombar na teimosia, na obstinação e na opinião mal fundada, dão prova de um espírito de consequência, continuação e tenacidade. Não há necessidade alguma de se recordar, aqui, a imagem do tiro de preparação, que ilustra o processo de aproximação do objetivo káirico, com todos os avatares e inconvenientes, previsíveis e imprevisíveis, que dele decorrem. Gaston Bachelard menciona um processo de «conhecimento aproximado»,[49] que não está isento de riscos e maus passos, demanda a mesma perseverança contínua na perseguição de um fim constante. Dado isso, essa continuidade se revela salutar, na retomada da perseguição de um *kairós* que pode ser recapturado.

Continuidade e renovação são os dois aspectos de uma dialética que responde ao cuidado da retomada da atividade káirica da consciência, após a ruptura devida a um fracasso. Malgrado às mudanças sobrevindas no interior da realidade, desde a constatação desse fracasso, e mesmo malgrado à unicidade do *kairós* que falhou (aqui faremos alusão à categoria káirica do *nunca mais* que, em correlação com a do *ainda não*, define a essência da kairicidade), a consciência conta sempre com a distinção entre *kairós* único e *kairós* repetido. Ela não deixa de estar à espreita da aparição de outro *kairós*, sempre pronto a provocá-la ou precipitar sua chegada.[50] Nesse estágio, trata-se do eterno recomeço do processo káirico, que admite ainda uma atividade petéica, com todas as suas regras e leis, que fazem dela uma disciplina rigorosa, deixando, todavia, intacta a liberdade fundamental inerente à existência. Essa pode, então, mudar de orientação *ipso facto*, incitando a consciência a se voltar para um objetivo alternativo ou até a contornar um novo escolho eventual. Em sua nova escolha e persistência em continuar sua via precedente, a consciência somente testemunha a liberdade da existência e se conforma à lei moral, situando-se totalmente face à kairicidade que, de seu lado, sugere-lhe suas próprias condições que correspondem às leis da realidade, às quais ela deve se dobrar se aspira dominá-las em seu proveito. A kairicidade sustenta, no final das contas, o sucesso da realidade da existência, da qual reflete o estatuto de liberdade, testemunho de seu domínio do mundo.

---

49   Cf. G. BACHELARD, *Essai sur la connaissance approchée*, Paris, Vrin, 1928, especialmente pp. 23-24.
50   Cf. A. e D. CEBALLOS HORNERO, "Categorias de tiempo histórico", *Endoxa* (Madrid), n° 21, 2006, pp. 137-156, especialmente pp. 150-155.

SEGUNDA PARTE
Aspectos Ontológicos

CAPÍTULO I
O SER DO *KAIRÓS*

1. A potencialidade do *kairós*: uma suspeita de movência

É à luz de um relâmpago que um instante passageiro surge no seio da kairicidade para logo se desvanecer e desaparecer do campo da consciência. Desaparecer não significa cessar de existir, antes o contrário. Esse desaparecimento simplesmente sublinha o cessar, mesmo que provisório e precário, da indicação de uma presença. Jamais haveria o cessar sem a manifestação anterior do indício de um fato, mesmo efêmero. Além disso, é efêmera somente a manifestação em questão, ainda que só se trate de uma manifestação consciente, pois o *kairós*, no caso presente, só se deixa suspeitar. Fugidio por excelência, ele se recusa a ser captado desafiando a consciência, que pretende tê-lo discernido. Em eterno movimento, ele se desvanece tão logo jorre de uma aparência de nada. Sua natureza fugaz o torna evanescente dissimulando sua persistência. Seu estado móvel não cessa de confundir quem tenta atingi-lo. Pode se revelar essencial sob a roupagem de um "não sei o quê" ou de um "quase nada".[51] Ele próprio, episódio em movimento, o movimento permanece seu único caráter constante. Qual o furão da canção, ele se obstina a ser inatingível. Passa quase despercebido no momento de seu curso desenfreado. Inatingível em princípio, encontra-se por todo o lado presente e ausente. Ao único favor de uma fulgurância, deixa-se entrever; mas tão logo descoberto, desaparece incontinente. Suspeitamos-lhe a existência, sem que possamos localizá-la de imediato. Malabarista experiente, ele se compraz em dissimular-se por detrás de não importa qual disfarce, e só se deixa desvelar em detrimento da integridade do processo da percepção. Sua natureza escapa de qualquer tentativa de compreensão e só se anuncia para induzir em erro aquele que o aborda. Entretanto, jamais nos desesperamos de conhecê-lo, tanto é útil e necessário à planificação de uma ação.

---

51 Cf. Vl. JANKÉLÉVITCH, *Le je-ne-sais-quoi et le presque-rien*, Paris, P.U.F., 1958; 2ª ed. Paris, Seuil, 1980, onde é largamente tratado o ser mínimo em Baltasar Gracián. Cf. Ruben SOTO RIVERA, *Ocasión y Fortuna en Baltasar Gracián*, Puerto Rico, Publicaciones Puertoriqueñas, 2005, pp. 117-118.

O *kairós* revela-se, assim, como um fator incontornável da realidade a ser estabelecida. Sua própria realidade, ao menos discutível, desvanece-se na incerteza que causa sua mobilidade. É uma visão passageira que dá conta não dessa realidade, mas de sua fuga, longe do lugar onde foi descoberto. Aparentemente, o *kairós* não existe; ou melhor, existe às escondidas. Ele é um quase existente que de modo algum aspira a uma existência fixa, a fim de se proteger de qualquer exploração. Destinado a ser explorado, esforça-se para diferir seu próprio destino; daí sua mobilidade, sua fugacidade e a partida de esconde-esconde em que se engaja com qualquer explorador virtual. Ocultar-se de qualquer tentativa de valorização de sua presença equivale, para ele, preservar sua pureza e sua autenticidade. Deixar-se submeter ao uso de um agente qualquer, eliminaria sua autonomia, à qual se atém orgulhosamente, pois, sem essa autonomia, seria ele somente um simples objeto, um utensílio à disposição desse agente. Sua mobilidade é, pois, o resultado de uma necessidade e a condição de sua subsistência.

Surgido de um *Umgreifendes* de pré-existência, se recorrermos à terminologia de Jaspers, o *kairós* se anuncia de passagem, antes de se subtrair ao olhar escrutador, explorador e explorante do homem. Recusa-se a esse com insistência e prefere permanecer no anonimato da clandestinidade, que lhe assegura uma integridade que defende ciumentamente. Escolhe a penumbra da vida secreta denunciando implicitamente a iluminação que constitui o apanágio do universo aberto da sinceridade. Acomoda-se à obscuridade que impede todo discernimento e todo entendimento de sua importância. À imagem de seu retrato simbólico, modelado sob a forma de estátua por Lisipo, desfila (ou, antes, *fila*[52j]) furtivamente,[53] tentando

---

52 [j][Duas palavras que em português são inusitadas, mas em francês nem tanto. *Défiler*, cuja primeiro significado é desfiar um tecido fio a fio, ganha uma acepção abstrata de "desaparecer" – p. ex. o dinheiro: *Tout l'argent défile en deux ans* (Goncourt, *Journal*, 1878, p. 1222) –, e daí o sentido de se esquivar no momento crítico, usado por Moutsopoulos. *Filer* é produzir um fio, tecer algo de um fio, mas eis que ganha o sentido figurativo de "retirar-se (sub-repticiamente e) rapidamente para escapar de alguém ou de alguma coisa", ou então "escapar no último momento, a ponto de ser capturado". Em português, "desenfiar" (a que se pode muito bem acrescentar o *l* de sua origem latina: *filare* > "desenfilar") tem um sentido pronominal de "desviar-se ou apartar-se de"; e "filar" pode significar "correr, fugir, escapar" (há uma expressão originária de mesma etimologia: "enfiar atrás de", que é "correr atrás de": *Os cães enfiaram atrás da raposa*). Obviamente, devido a um uso mais familiar aos franceses, a aproximação semântica é imediata e não cai em problemas de interpretação léxica quando se trata dos termos *défiler* e *filer*, mas as palavrinhas "desenfilar" e "filar", apesar de estarem longe de se tornarem corriqueiras, cobrem muito bem o significado do texto].

53 Cf. *supra*, p. 49, n. 9.

subtrair-se às olhadelas indiscretas, inquisidoras e ávidas de possuí-lo, prontas a pagar muito para adquiri-lo eventualmente. Busca o isolamento e com isso contenta-se facilmente, desprezando, temendo mesmo, toda promiscuidade que julga, aliás, malsã. Alimenta-se de si, de sua autarquia, de seu exílio voluntário, para não se tornar presa de espíritos malevolentes que cobiçam a abundância de seus recursos inesgotáveis. É por isso que ele permanece, em princípio, fora de alcance ou em acesso extremamente difícil, induzindo frequentemente a erro, através de suas mil voltas, aqueles que tratam de persegui-lo, pois ele é, não sem razão (isso é evidente), tão mínimo quanto ótimo.

De fato, o *kairós* não obedece a nenhuma necessidade e não exprime nenhum outro determinismo que o que ele implica e do qual, aquele que está a persegui-lo, procura aproveitar para dominar e modificar o curso dos acontecimentos, apropriando-se de suas virtudes, apossando-se de suas infinitas possibilidades e obrigando-o a dobrar-se a seus desígnios. É por isso que ele se subtrai com gosto e se oculta nos obstáculos acumulados para impedir seu fácil acesso. É sua tática, especialmente concebida e desdobrada para preservar sua pureza ontológica e protegê-la de toda nódoa ocasionada pela intrusão de uma atividade interessada, que lhe alteraria a natureza: atitude claramente defensiva, à qual todo *kairós* está sujeito a se relegar e que ele mantém com encarniçamento, até o momento em que sucumbe a uma vontade dominadora que termina, após muitas tergiversações, por alcançá-lo para explorar seus recursos. Essa atitude do *kairós* é, em mais de um aspecto, justificada. Ela corresponde plenamente a um sistema de defesa agenciado em seus mínimos detalhes, e se mostra salutar sob numerosos pontos de vista, pois assegura, o mais longamente possível, a sobrevivência de um *kairós* intacto à nódoa da consciência que teve êxito em captá-lo.

Nos capítulos anteriores, assinalamos os diversos meios empregados pela consciência para chegar a seus fins: dialética da *petteia* e outros, que a autorizam a cercar o *kairós*, malgrado os erros aos quais está sujeita ou as modificações e alterações da fisionomia do *kairós*, pelo viés de ensaios corretivos, repetidos até seu acesso definitivo ao fim buscado. Entretanto, o *kairós* é, ele também, capaz de se subtrair *in extremis* às tentativas da consciência de por a mão nele. Sua reação principal é minimizar sua duração, a fim de que a menor distração da atividade da consciência termine por um fracasso, ou seja, por um tiro malsucedido que pode ocorrer seja por falta de jeito de sua parte, seja, sobretudo, por um ligeiro deslocamento, quase infinitesimal, da zona káirica visada, deslocamento que sobrevém a favor da evolução do curso de acontecimentos no qual o *kairós* está implicado e sobre o qual a consciência deseja intervir em seu próprio benefício. A linha de defesa do *kairós* é, então, imperceptível, mas decisivamente, desnivelada, e esse desnível é suficiente para fazer fracassar qualquer tentativa que o autor negligenciou levar em conta préviamente. Trata-se de um caso de inadequação, de que a consciência é chamada a pagar as contas. De um movimento defensivo a outro, o *kairós* prossegue seu jogo, que pode, a rigor, nas circunstâncias favoráveis, revelar-se vantajoso para ele. Entendamos, por isso, que ele consegue preservar sua integridade ontológica, reduzindo a nada, mesmo que provisoriamente, a tentativa da consciência de conquistá-lo, e ganhando, ao mesmo tempo, uma partida em sua luta contra a invasão humana no desenrolar dos acontecimentos, outorgando finalmente um adiamento ao provável aviltamento devido à perda de sua autonomia.

Agindo furtivamente, isto é, conforme sua natureza, que o leva a se dissimular por ocasião das repetidas tentativas de sua submissão, o *kairós* termina por resguardar seu estatuto, na medida do possível, certamente, de toda ameaça de degradação provinda do exterior. Ele desdobra, para isso, uma série de astúcias, que lhe asseguram, ao menos temporariamente, uma continuidade de existência autêntica, mas sem nenhuma remissão, pois deve se manter em alerta permanente para repelir as ofensivas das quais eventualmente será vítima. Em suma, vê-se obrigado a permanecer, o mais possível, em um estado de potencialidade. Se atualiza, é por estar coagido a isso por uma vontade externa que o priva de sua autenticidade e autarquia ontológicas. Isso equivale a dizer que, se atualizando, ele deixa de existir. Trata-se aqui de um verdadeiro paradoxo ontológico: quanto mais o *kairós* é forçado a passar de um estado potencial a um estado atual, tanto mais ele se despoja da riqueza de sua extensão, sem que essa seja compensada por um aprofundamento de sua compreensão, tão logo se o alcance.[54] É forçoso, pois, constatar que o *kairós* permanece autêntico enquanto se acha em potência e que, viciada sua natureza, não mais chega

---

54 Cf. E. MOUTSOPOULOS, "L'être: puissance et acte", *in* M.-A. SINACEUR (éd.), *Penser avec Aristote*, Paris, UNESCO – Toulouse, Érès, 1991, pp. 527-528.

a assumir sua atualidade sem se degradar, consumindo-se. O jogo presumido entre extensão e compreensão, não estando mais em curso no caso presente, testemunha a natureza específica e singular do estatuto ontológico do *kairós*, estatuto absolutamente original, se existe, que escapa da normalidade e que decorre da própria natureza da kairicidade, no seio da qual o *kairós* nasce e se desenvolve, para ser relegado a um nível de quase inexistência, assim que se torna objeto de exploração.

2. A atualidade do *kairós*: uma presença fictícia

Por "presença fictícia" entenderemos uma pretensa presença, que é tão somente o espectro de seu passado. Estabelecemos anteriormente que, uma vez alcançado, o *kairós* não pode transitar de um estado em potência para um estado de atualidade, pela razão de que lhe faltam forças suficientes para intensificar seu potencial de compreensão. Para ele não se trata mais de se comportar independentemente da consciência da qual doravante depende e que o trabalha como quer. Por ter realmente emergido, é reduzido ao seu próprio espectro. Só existe em virtude de sua existência terminada. Doravante é somente sombra de si mesmo. É essa, bem entendida, a causa de ele existir na clandestinidade e guardar, enciumadamente, o segredo de sua estada e de seus contínuos deslocamentos. Por si só, seu espectro é visivelmente suficiente para fazê-lo sobreviver, e sua obsessão satisfaz as exigências relativas à sua existência regular. Está presente portando-se como ausente e abandona, em seu lugar, os efeitos descontados de sua presença real decaída. Sua evanescência faz dele um fantasma que reina à maneira de uma realidade perdendo vigor. Desaparecido, está ainda presente. Esse estado é qualificado de paradoxo, e o é efetivamente, pois designa uma situação bem real.

Há mais. Ainda em potência, o *kairós* representa um papel passivo, consistindo em se subtrair da perseguição da consciência. Após ter despenhado em um regime de "quase não ser", preenche, no entanto, uma função ativa, e isso por inerente vocação. Sem dúvida, exerce então uma atividade, por assim dizer, nos bastidores e a exerce tanto mais livremente quanto o faz o mais discretamente possível. Opera em nome da consciência que o captou e cujo projeto desposou. De fato, sua liberdade certamente não é autenticamente a sua, mas o eco da fascinação que ele reflete, visto a confiscação de que é objeto. Ao inverso da sutileza que mobilizou para escapar da perseguição, por ocasião da etapa anterior de sua existência, a sutileza que desdobra em sua nova condição reproduz quase fielmente a do espírito que domina seus recursos. Por consequência, a consciência age desde então sobre a realidade, através de agente interposto, que ela maneja facilmente, dirigindo e orientando a ação direta deste, segundo sua própria vontade, de acordo com as indicações de seu novo "associado", o qual opera docilmente, e cuja ação já está sendo confundida com a do fator que exerce influência sobre ela: estranha colaboração, no decorrer da qual a atitude anteriormente refratária do *kairós* está já transformada em atitude complacente, após a mutação de seu estatuto ontológico. Captado, certamente, com muita dificuldade, ele se põe voluntariamente à disposição e ao serviço daquele que conseguiu capturá-lo. Quase inexistente, opera, doravante, conforme à vontade externa, em cujo benefício aceita contribuir.

Não se trata, seguramente, de "personificar" o *kairós*, emprestando-lhe um livre arbítrio. Não se trata aqui senão de uma simples imagem analógica que se refere ao fato de que, de bom ou mau grado, o *kairós* se dobra à planificação original da consciência agente que, como vimos, para apanhá-lo, desdobrou-se muito no curso de um estado precedente. O que convém sublinhar, é que, após ter sido interceptado, o *kairós* cessa de existir de maneira autônoma e depende doravante da vontade da consciência. Sua "aquiescência" não é nada mais que a manifestação de sua inexistência autêntica. Ele não tem mais influência, pois não mais tem a faculdade de se ocultar; degenera em objeto de exploração e de fruição, mas, simultaneamente, alimenta a consciência que esgota seus recursos. Presta-se a ela sem restrição alguma, pois suas perspectivas de escapar são nulas. É esse seu modo, indubitavelmente insólito, de afirmar sua atualidade; uma atualidade que se esgota à medida em que alimenta as possibilidades da consciência e concorre para a execução de um objetivo buscado. À força de ser oprimido, solapado, até brutalizado, o *kairós* é, com o tempo, esvaziado de seu conteúdo, ou seja, de todas as eventualidades e de todas as alternativas que era suscetível de sugerir e de oferecer. Ele não é mais nem mesmo o espectro, a sombra de si; nada mais que uma lembrança, que um fogo apagado; um fogo, no entanto, de modo algum devastador, um fogo que iluminou, até sua extinção, o caminho percorrido para realização da intenção incialmente concebida e definitivamente cumprida através de tantos acontecimentos, peripécias, incidentes e crises, até seu feliz desenlace: proeza que teve, indiscutivelmente, êxito e, em princípio, durável, a menos que um fato inesperado não venha perturbar-lhe a permanência. A atualidade, depois como a atualização do *kairós* se traduz, pois, como passividade ou melhor, como esgotamento, e depois como aniquilamento. Resta somente a lembrança e o traço da passagem e da atividade passada para designar a atividade e o itinerário percorrido só pela consciência, enquanto que o verdadeiro protagonista do drama foi esse *kairós* único e irrepetível, que alimentou, através de seu próprio consumo sacrificial, a liberdade da existência.

3. De algumas contingências infinitesimais

Nesse quadro ontológico, põe-se a questão de precisar qual é o estatuto e o destino desses *kairois*, distinguidos com o nome de *microkairois*. É inegável que o *kairós* sublinha uma descontinuidade em uma continuidade, e que assegura, além disso, uma ligação entre as duas partes da realidade que ele separa. Está igualmente fora de dúvida que ele não poderia ser considerado como um ponto único, mas como uma zona que possui sua própria duração (extensível), e que pode ser decomposta em partes infinitesimais, à maneira da estrutura e do papel representado pela mônada káirica, tomada em seu conjunto. É por isso que o *kairós* se anuncia antes de se confirmar positivamente e desaparece, não sem deixar traços de sua passagem. As categorias káiricas de *ainda não* (*oupô*) e de *nunca mais* (*oukéti*), de *muito cedo* e *muito tarde*, podem então designar, sob muitos enfoques, ocasiões a serem apanhadas ou a lamentar. Em consequência, o *kairós* é formado por uma sucessão de *kairois* particulares, dos quais cada um exige, para ser confrontado com sucesso, uma ação bem definida. Essa imbricação consecutiva de *microkairois* está, todavia, longe de se constituir como continuidade, lembrando aquela que, em princípio e na origem, qualifica a temporalidade que secciona e cinde, mesmo que só por interrupção.

Aqui um parêntese é indispensável, a fim de evitar reportar seu conteúdo em uma longa nota. Bergson, após Fouillée, distinguiu tempo e duração com conhecimento de causa, insistindo sobre o fluxo da duração,⁵⁵ em oposição à divisibilidade do tempo, invenção noética calcada na divisibilidade do espaço, enquanto Fouillée tentava aproximá-las, ou melhor, associá-las do ponto de vista de sua funcionalidade, atribuindo-lhes, respectivamente, os papéis de leito e de corrente de um rio.⁵⁶ Não poderíamos, no entanto, aplicar o modelo de oposição ou o de associação entre tempo e duração, ao nível do confronto entre temporalidade e kairicidade. Essa absorve, literalmente, a primeira, apresentando-se como uma incidência, de proveniência diferente, e a suprime, ainda que provisoriamente, oferecendo, assim, à intencionalidade da consciência (no sentido bergsoniano de *projeto* ou de intenção pura e simples),⁵⁷ a oportunidade de intervir em seu proveito.

Após essa breve digressão, abordaremos de novo, melhor aparelhados, o problema da imbricação dos *microkairois* no interior de um *kairós* quase unitário. Essa concatenação, por sua vez, só pode, seguramente, ser entendida como uma série de unidades, inseridas umas nas outras.⁵⁸ A divergência entre a decomposição do tempo e a do *kairós* é devida ao fato de que a divisibilidade temporal apresenta um caráter neutro, enquanto que a divisibilidade káirica responde a uma situação fortemente estruturada e diretamente ligada à intencionalidade da consciência, ou seja, colorida por uma preocupação com a existência no que a concerne. Disso resulta que a consciência permanece indiferente à temporalidade, ao contrário de seu interesse imediato pela kairicidade. Se, por sua atitude káirica, a consciência antecipa, de algum modo, o futuro,⁵⁹ é porque a cada retomada ela escrutina o horizonte temporal, a fim de detectar o *kairós* próprio à sua intenção e preparar sua ação, apanhando os sinais precursores para melhor se adaptar, sem

---

55   Cf. IDEM, "Du courant conscienciel au flux de la conscience: la bergsonisation du pragmatisme", *Athéna*, 72, 1968, pp. 109-120.
56   Aliás, segundo A. FOUILLÉE, *La Psychologie des Idées-Forces*, Paris, 1893, p. 27, «o tempo sempre foi concebido como uma espécie de mudança que se encontra em todas as outras mudanças».
57   Para uma análise aprofundada da intencionalidade assim entendida, cf. G.E.M. ANSCOMBE, *Intention*, trad. fr. por C. Michon e M. Maurice, Paris, Gallimard, 2002, especialmente pp. 19-20, 87-88.
58   Isso à maneira de entidades intermediárias, inseridas tardiamente no sistema plotiniano, entre as hipóstases fundamentais, elas próprias resultantes de uma tentativa, que remonta a Platão, de preencher o vazio que supostamente separa o ser do *não ser*, a ponto que se chega a constatar, a propósito das ontologias neoplatônicas tardias, as de Proclo e do Pseudo-Dionisio, uma estrutura inspirada, embora antes do tempo, no recurso a uma espécie de cálculo infinitesimal; estrutura que se pode, *mutatis mutandis*, bem entendido, facilmente aplicar ao caso do kairós, tal qual ele foi considerado. Cf. E. MOUTSOPOULOS, "L'évolution du dualisme ontologique platonicien et ses conséquences pour le néoplatonisme", *Diotima*, 10, 1982, pp. 179-181.
59   Cf. IDEM, "L'avenir anticipé", *L'Avenir*, Paris, Vrin, 1987, pp. 9-12.

tardar, às exigências objetivas da conjuntura vantajosa que emerge. Três questões então se põem: I) é o *kairós*, assim como os *microkairois*, produto de uma atitude realista ou idealista?; II) em sua exposição, o *kairós* e os *microkairois* duram ou são momentâneos?; III) enquanto oportunidades, *kairós* e *microkairois* prestam-se a servir o oportunismo?

I) Vendo bem, em todo processo káirico a intencionalidade representa um papel primordial. O *kairós* permaneceria indiferente à consciência se essa não tivesse projeto preciso para realizar, intervindo no desenrolar de um devir. Ora, esse devir pode ser mesmo independente de qualquer projeto subjetivo; mas cabe à consciência penetrar sua importância para a realização de seu projeto. O médico experiente prevê e segue o curso da doença. Percebe o momento oportuno em que sua intervenção será salutar para o paciente que existe (e sofre) independentemente da pessoa do médico. Por outro lado, a existência do paciente não teria importância para o médico, não fosse a consciência desse último que, com conhecimento de causa, apreende a sequência dos *kairois* imbricados uns nos outros e próprios para favorecer suas sucessivas intervenções, na falta de que seus atos ficariam sem resultado. O que a partir de então tem prioridade, é o sucesso da empreitada em seu conjunto e nos detalhes. A realidade do *kairós*, apreendido ou perdido, segundo o caso, depende de sua valorização ou de sua negligência pela consciência que age. Assim, realismo e idealismo não têm mais sentido no caso presente. Eles são ultrapassados por um autêntico pragmatismo, o que faz de qualquer possível filosofia da kairicidade um pragmatismo por excelência.

II) Como toda atividade tem um início e um fim, a atividade káirica se expõe em uma série de ações distintas. Implica uma etapa de previsão, no decorrer da qual o futuro é conjecturado, antecipado, atualizado como presente: é a prevenção hipocrática,[60] mesmo reportada a um estado avançado do processo de cura. A intervenção káirica apresenta prolongamentos em montante e jusante de sua manifestação propriamente dita, e é assim, a manifestação do próprio kairós. Se ele se afirma, no primeiro momento, como corte e divisão brusca da continuidade (aparente ou real),

---

60 Cf. Idem, "Protélésis: le kairós, de Ptolémée à Proclus", *Philosophia*, 34, 2004, pp. 280-281. É pela referência ao sistema dos microkairois que podemos definir com exatidão a noção de ponto sem retorno.

melhor se enraíza no ainda não e no nunca mais, categorias que ele substitui às de antes, de durante e de depois, que a determinam no plano da indiferença da consciência não motivada. Nessa ordem de ideias, não somente a ação médica, mas ainda a ação histórica e qualquer outra atividade: artística,[61] moral etc., se dobram às exigências objetivas do kairós. Com a ajuda dos microkairois nos quais é decomponível, o kairós se intercala sem violência na realidade da qual preenche o vazio produzido por sua inserção, que esses microkairois que o compõem escandem assegurando, por sua vez, sua quase continuidade. O que precede seria um completo paradoxo, se não fosse explicado e confirmado pelo pragmatismo conjugado da atividade káirica.

III) Levando em conta o que já foi dito, a kairicidade domina a vida da consciência, logo a da existência humana. Além disso, a constatação do acontecimento de um *kairós* não é senão uma *kairotesia*, uma designação, e não necessariamente uma *kairóscopia*, atividade certamente oportunista, reservada às consciências por definição mal intencionadas. Em geral, em virtude dessa disposição *kairotética*, as consciências intervêm a favor da boa causa (os exemplos abundam:[62] a cura de doenças é o menos espantoso). Longe de ser moralmente condenável, uma filosofia da kairicidade pode, incontestavelmente, explicar a atividade káirica da consciência.

Deve-se reter, disso que antecede, que continuidade e descontinuidade se encavalam no interior do binômio temporalidade-kairicidade, e isso por intermédio dos microkairois denotados no conjunto de cada *kairós*. A atividade petéica da consciência que se engaja para perseguir seu objetivo, confunde-se com sua atividade káirica. À primeira vista ela parece impulsiva, instintiva e intuitiva, mas pode, em estados avançados da reflexão, mostrar-se de uma racionalidade extrema. Pode-se-ia, com todo o rigor, tendo em conta a máxima de Platão, nos termos da qual a vida humana necessita da justa harmonia e de justo ritmo,[63] completá-la com a noção de justeza, que implica a de justa medida.[64] Medida e kairós são as condições imperativas de uma vida bem sucedida, portanto feliz, sem os

---

61   Cf. IDEM, "Kairós et dialectique dans l'instauration artistique", *in* IDEM, *L'univers des Valeurs, Univers de L'Homme*, Athènes, Académie d'Athènes, 2005, pp. 173-178.
62   Cf. IDEM, "Catégories temporelles et kairiques", *loc. cit.*, especialmente pp. 434-436.
63   Cf. PLATÃO, *Protág.*, 326b.
64   Cf. E. MOUTSOPOULOS, "La morale de Démocrite est-elle une morale du kairós?", *Actes du Congrès international sur Démocrite*, t. 1, Xanthi, Éd. de l'Université, 1984, pp. 317-326.

arrependimentos do dever não cumprido, sem também os remorsos de ter cometido o que era passível de uma reprovação moral.

Cada microkairós se comporta à imagem do modelo do *kairós* global do qual faz parte, e esse modelo reproduz estritamente o aspecto estatutário desse *kairós*, para seguir-lhe a curva literalmente dramática: ele se desenha inicialmente no interior do campo do *kairós* principal, depois deixa-se precisar pela *peteia*, à qual a consciência pode recorrer, mas fugindo desta antes de ser recapturado e forçado a se atualizar, consumando-se. Atualidade e atualização do *kairós*, bem como *microkairois* tornam-se então fatalmente drama, senão tragédia. Pensando bem, uma entidade que nasce em favor de circunstâncias propícias e que se revela ser a própria oportunidade, recusa-se a ser explorada, mas presta-se a isso, de bom grado, desde que, pelo jogo dos meandros petéicos que a consciência esposa em sua perseguição, é finalmente apanhada, subjugada e constrangida a se aniquilar em proveito de uma intenção, em favor da qual ela emergira de início, mas se recusando a isso.

Assistimos ao desdobramento de uma verdadeira peça dramática, semelhante, por exemplo, àquelas as quais Aristóteles se refere por ocasião de sua análise da estrutura da tragédia.[65] Pouco importa que o resultado da peça seja o de uma pura tragédia ou de um simples drama; o essencial é que, em princípio, termine com o sacrifício do protagonista que, no caso, não é a consciência ou mesmo seu projeto, como seríamos levados a crer, mas sim, o próprio *kairós*, assim como os *microkairois*, essas figuras que são aparentemente subordinadas e dependentes dele, mas que, de fato, são *kairois* de pleno direito, possuindo cada um sua própria identidade específica e exigindo o mesmo respeito, pois evidentemente poderiam, eles também, ser apreciados e valorizados a título individual de protagonistas exclusivos. Encrustados no *kairós* principal, os *microkairois* proclamam sua própria independência em relação a ele. Tudo o que o concerne, toca-os de igual maneira. Tudo o que traz sua marca, arvora também na deles. Só diferem dele quanto à duração e, *a priori*, de nenhum modo quanto à importância. À primeira vista, sua única diferença é a dificuldade em distinguí-los, em reconhecê-los, em escrutá-los e apreendê-los, mas também de fazer deles objetos de fruição prolongada, sendo sua extrema precariedade tributária de sua duração mínima, da qual depende o sucesso de toda operação.

---

65 Cf. ARISTÓTELES, *Poét.*, 18, 1455^b 24; 32; 24, 1459^b 9.

É essencialmente desses modelos infinitesimais que pode depender o caráter conforme ou não à lei moral da operação conduzida, pois esse caráter não é imutável e pode se transformar, independentemente da natureza da intenção inicial, à qual a ação deve supostamente servir. Por suas dimensões reduzidas, a forma exígua, menos atentamente acossada, induz mais facilmente em erro não somente pelo fracasso eventual de sua intercepção, mas ainda pela comutação da kairotesia em *kairóscopia* pura e simples, passível afinal de condenação severa pela consciência moral. De sorte que a liberdade da existência assume uma direção errônea, difícil de corrigir sem aborrecimentos, tanto se revela fascinante, mas necessário abandonar para reintegrar o domínio da retidão pelo caminho do livre arbítrio, operando a favor da circunstância, sob a forma de pracicínio. Disso resulta uma verdadeira interdependência entre o funcionamento da consciência moral regida pela liberdade, e a busca do *kairós* também regida por uma liberdade de escolha, que remete à pureza das intenções da consciência e à necessidade de salvaguardar-lhe o essencial. Daí a manutenção da obrigação de uma pureza igualmente essencial, que responde ao estatuto ontológico do *kairós* e de suas dependências microkáiricas eventuais; daí também o compromisso da consciência de manter sua escolha correta inicial e perseverar até o esgotamento total do *kairós*, pelo qual a consciência de início se decidiu.

CAPÍTULO II
A Precariedade do *Kairós*

1. Um advento discreto.

Descrevemos até aqui os aspectos ontológicos do *kairós*. Este capítulo e o seguinte serão consagrados à análise desses aspectos, na ordem já seguida: primeiro, a análise do *kairós* em sua potencialidade; depois, em sua atualidade, entendida como atualização, com todos os episódios, crises e desenlaces a que se pressupõe que ela comporte, engendre e dê realce. Sobretudo, não se deve perder de vista que nossa investigação evolui sobre o fundo da kairicidade. O essencial da kairicidade, é que ela qualifica uma precariedade; ou melhor: um conjunto de precariedades, as que caracterizam cada um dos *kairois* que a constituem em sua totalidade. A etimologia do termo *precariedade* remete ao seu uso jurídico original e, especialmente, à noção de *prece*, que não é nula de relações com a de *pedido*, de *postulado*, na medida em que ela designa um desejo, um voto, cujo objeto é um estado ou ainda uma situação efêmera, frágil, incerta, instável, fugidia. São esses, precisamente, os signos distintivos do *kairós*, tal como ele foi anteriormente considerado.

A noção de precariedade qualifica, aliás, o *kairós*: uma situação passageira, instável, previsível e, no entanto, aleatória à maneira do que lhe confere sua própria possibilidade, e que nada mais é senão a kairicidade, estado de precariedade por excelência, mas que, do ponto de vista ontológico, marca de uma maneira decisiva a condição sempre fugidia da presença de cada *kairós* distinto, logo concebível. Para melhor apreender a natureza da kairicidade, convém compará-la à da temporalidade, com a qual se arrisca, um pouco, de ser confundida, como, por exemplo, na linguagem do Novo Testamento, onde o termo *kairós* é utilizado no lugar do de tempo; a menos que esse deslizamento de sentido seja devido à atribuição da noção de tempo (no contexto de uma narrativa concernente à concepção generalizada de uma historicidade providencial) à significação de um instante escolhido para a intervenção de uma ação divina, de um milagre, especialmente, levando em conta os instantes que marcam e assinalam o devir da humanidade: criação, redenção, juízo final.[66] Em suma, a substituição do termo tempo pelo de *kairós* acrescenta, no caso, ao primeiro, a significação de um momento excepcional com causas aleatórias, quanto à sua escolha, mas com consequências definitivas quanto aos seus efeitos.

Ao contrário, a noção de temporalidade não pôde reabsorver, em seguida, as características específicas da noção de kairicidade, a saber: os de excepcionalidade, ou de unicidade, e de irrepetibilidade, esta última implicando simplesmente que todos os *kairois* poderiam se repetir, embora jamais em condições idênticas, por causa não da modificação das circunstâncias, mas da unicidade da escolha em relação às perspectivas da consciência; perspectivas livremente vividas e livremente realizáveis. Se a temporalidade é formada por uma sequência de instantes equivalentes, se a duração é, de acordo com Bergson,[67] um fluxo ininterrompido, a kairicidade se caracteriza por sua faculdade de propor – no interior da sucessão temporal, à qual a consciência humana permanece, em princípio, indiferente – fatias potencias às quais a consciência confere um conteúdo irrevogável e à promoção das quais ela se consagra inteiramente, dado que identifica a sua atualização com o cumprimento de seus própriosprojetos, sejam presentes ou a longo termo.

Longe de ser uma entidade em si, a kairicidade, como a temporalidade, perfila-se sob forma de quadro categórico, isto é, de meio que fornece os instrumentos que permitem reestruturar a realidade conforme as aspirações da existência; em outros termos, conforme a uma sucessão de instantes inteiramente diferente da do curso normalmente previsto de uma série de acontecimentos. Ela é, de fato, um tipo de prospectiva lançada em direção ao futuro ou ainda, uma vez invertida, em direção ao passado, oferecendo à consciência, em um caso como em outro, a possibilidade de aí se

---

66 Cf. E. Moutsopoulos, "Prospective et historicité de la présece divine", *Il Senso Della Filosofia Cristiana Oggi*, Brescia, Morcelliana, 1978, pp. 103-104; "Temporal and Kairic Categories Applied to Providential History", *Analecta Husserliana*, 43, 1994, pp. 331-334; "The Kairós of the Word's Incarnation", *Proceedings of the IXth Congress on Gregory of Nissa*, Atenas, Heptalophos, 2005, pp. 115-120.

67 Cf. Idem, "Du courant de conscienciel au flux de la conscience: La bergsonisation du pragmatisme", *loc. cit.*; cf. H. Bergson, "Essai sur les données imediates de la conscience", *Œuvres* (Éd. du Centenaire), Paris, P.U.F., 1959, pp. 67-71.

instalar, fazendo do passado, assim como do futuro, categorias atualizáveis e efetivamente atualizadas. A kairicidade se substitui, então, à temporalidade que, não nos esqueçamos, não constitui uma realidade propriamente falando e admite várias interpretações.

Dá-se o mesmo com a kairicidade. A temporalidade é o quadro estático dessas interpretações, enquanto que a kairicidade é o seu quadro dinâmico. Toda sua diferença diz respeito a isso. Ademais, do ponto de vista de sua funcionalidade, a temporalidade reflete um estado de espírito que prescreve uma atividade de simples mensuração das partes nas quais a realidade pode ser decomposta, enquanto que a kairicidade reflete um estado de espírito que impõe uma atividade de hierarquização dessas partes, as quais parecem totalmente diferentes das anteriores. As primeiras estão sujeitas à avaliação quantitativa; as outras à avaliação qualitativa. É por essa razão que a kairicidade poderia ser entendida como *a humanização da temporalidade,* no sentido de que ela designa um verdadeiro compromisso da existência em face ao devir do universo real. Esse compromisso é ademais julgado como integral, pois a existência nele investe sua presença em sua totalidade. A temporalidade rege o escoamento do tempo de modo a deixar a consciência indiferente; a kairicidade sugere uma infinidade de unidades káiricas, na qual a consciência opera uma escolha capital, em função de seus desejos e de suas intenções bem definidas. Procede, dentre as numerosas possibilidades que se oferecem a ela, às escolhas precisas, adequadas aos seus objetivos especificamente imediatos ou que se aplicam a atos concebidos para serem realizados a longo prazo. A temporalidade está sujeita à constatação; a kairicidade é uma provisão dispensadora de instrumentos, incessantemente disponível não somente para remodelar a realidade, mas ainda, para dela influenciar a fundo a reestruturação por sua própria sustentação, segundo o projeto corrente da consciência, ela própria, consciência da existência da qual traduz as necessidades e aspirações. A kairicidade permanece em contínua disponibilidade e pode traduzir as mais diversas tendências da existência, submetendo-lhe às mais adversas configurações da objetividade real. Não se poderia, então, falar de uma humanização efetiva da temporalidade? Ora, trata-se, na verdade, de uma temporalidade aparente, sendo o tempo apenas uma noção fictícia, uma ilusão inestimável, certamente, mas que é só um "relógio útil apenas para nos recordar de nossos compromissos". De longe, a única evidência válida é a kairicidade que serve ao mesmo tempo como quadro e veículo de busca de um fim fixado para ser alcançado através de um *kairós* determinado.

A kairicidade representa, em definitivo, um domínio que acolhe todas as atividades de busca e de fruição do *kairós*, de cada um dos *kairois* aprendidos e valorizados. Ela não é somente o seu quadro; é também seu fundamento. Um *kairós* não pode ser concebível independentemente desse quadro e desse fundamento, que formam as condições *indispensáveis* de sua aparição, de seu desenvolvimento e exploração. Além disso, exploração e fruição estabelecem a finalidade do *kairós*. Assim, pois, o *kairós* é percebido enquanto uma eventualidade que se presta à uma valorização por consumação, e é aí que um novo paradoxo vem à luz: quanto mais o *kairós* é valorizado, mais perde sua potência; quanto mais é explorado, mais se enfraquece; quanto mais se torna objeto de fruição, mais se consome até o esgotamento e, finalmente, até o quase completo desaparecimento, depois de ter amplamente servido às disposições da consciência, que abusou dele nos limites de suas próprias possibilidades, antes de aniquilá-lo, segundo o destino que lhe estava reservado desde a origem.

Todo *kairós* é devotado à mesma sorte que, inevitavelmente, acaba em um sacrifício sobre o altar da oportunidade de um ato, à qual responde a oportunidade desse *kairós*, que se afirma enquanto fator favorável por excelência ao cumprimento feliz de tal ato. Do mesmo modo, todo *kairós* tenta desesperadamente escapar de sua captura, antes de sucumbir ao seu destino. Não é preciso preconizar, nesse caso, um finalismo mais que uma finalidade concernente ao *kairós*, mas antes constatar que o *kairós*, apreendido mediante a *peteia*, à qual a consciência se dedica como o mais favorável ao maior sucesso de sua empreitada, é o produto de uma descoberta frequentemente fortuita. Sua finalidade não pode, em caso algum, ser submetida a qualquer concepção de finalismo. Estando todo finalismo doravante excluído, o destino de um *kairós* qualquer, escolhido e perseguido para ser definitivamente captado, a fim de servir a uma causa precisa, não é prescrito em relação à causa em questão, o que o faria obedecer a um finalismo inexorável. Pelo contrário, inexorável é somente a finalidade que lhe é inerente e que consiste em sua disponibilidade em ser explorado por uma consciência que o constrange a se dobrar às suas exigências para, em última análise, privá-lo de qualquer potência, após tê-lo consumido. Esse *kairós* é também quase eliminado após ter contribuído ao êxito da empreitada para a qual fora mobilizado. Daí seu caráter precário, ao qual se acrescentam os traços deixados por ele após seu desaparecimento. Sua precariedade é só a consequência de sua finalidade.

2. Uma abertura para a abundância

Após havermos estudado o *kairós* buscado, que se desvia de sua captura e que, uma vez captado, deixa-se consumir, seguimos e descrevemos seu "drama" episódico. Ora, a vida de todo *kairós* não segue uma curva idêntica senão aproximativamente. Um *kairós* pode não ser buscado e não entrar no conjunto de disposições previstas à realização de um projeto qualquer da consciência, seja porque ela não nutre projeto suscetível de integrar esse preciso *kairós*, seja porque ela não duvida da eventualidade de sua existência. Nesses casos, a entrada em cena do *kairós* se revela inopinada e inesperada. Ele irrompe no campo da consciência, qual o *exaiphnés* de Platão,[68] faz-se conhecer, concretamente, por sugestão, sem pré-aviso e incidentalmente, por puro acaso. Aparece subitamente, sem tomar cuidado para se dissimular, de qualquer maneira que seja, e sem se inserir em alguma série de fatos prescritos ou em tecimentos pressagiados ou pressentidos. Livre e independente, faz a figura de eventualidade autônoma, gozando de seu próprio prestígio e, finalmente, torna-se disponível para qualquer engajamento. Isento de qualquer dívida, goza de uma liberdade em relação a qualquer utilização. Permanece, assim, em um estado latente. Sua liberdade não faz parte, *a priori*, de *projeto* algum e de *intenção* alguma, o que lhe deixa uma disponibilidade flexível. Mas esse estado de liberdade corre o perigo de ser interrompido, logo que cai sob o corte da intencionalidade de uma consciência, ou logo que penetre, mesmo que por acidente, no campo de uma consciência em ação.

Nesse caso, de duas coisas, uma: ou bem a consciência, subestimando a importância do *kairós* para seu projeto, deixa-o de lado, desinteressando-se; ou

---

68 Cf. já PLATÃO, entre outros, *Crát.*, 391a-b; *Górg.*, 523e; *Rep.*, VII, 518ª-159; *Parm.*, 156d; *Leis*, IX, 866e, e até o PSEUDO-DIONISIO, *Epist.* III, *Ad Caium*, f588, col. 1069 Migne, t. 3, e *Hiérarchie Céleste* 15, §1 (128), col. 329 Migne, t. 3. Cf. E. MOUTSOPOULOS, "La fonction catalytique de l'*exaiphnès* chez Denys", *Diotima*, 23, 1995, pp. 9-16.

bem, notando o papel que ele é suscetível de representar no processo que ela desencadeou, apressa-se em apossar-se dele, surpresa por tê-lo inopinadamente encontrado e por poder se beneficiar dele. Ela o apreende, ela o agarra mesmo, e não consente em separar-se dele a menos que reconheça ter cometido um erro em sua pressa, um passo em falso que arrisca a levar ao fracasso sua empreitada inicial. Então, abandona rapidamente sua "presa". Reconheçamos, porém, que uma consciência alerta e bem exercida, gozando de uma sólida experiência, não se deixará embaraçar pelas aparências. Aproveitando-se de uma atividade petéica quase instantânea e, digamos, intuitiva, julgará os prós e os contras de sua adoção e, na incerteza, se desembaraçará de um fardo inútil, até perigoso.

Em tal situação, todo *kairós* captado apesar de tudo, depois de ter tentado escapar de sua perseguição e ter sido constrangido a se atualizar, consumando-se, aparentemente de bom grado, a serviço de um projeto, parece fazer sua desforra por intermédio de outro *kairós*, não abandonado "a tempo", mas em curso. A consciência é, nesse caso, gravemente penalizada por ter negligenciado, por inadvertência, o risco em que incorreu: complicação rara, é verdade. As coisas seguem, de ordinário, um curso diferente: ainda quando a consciência não está em busca de um *kairós*, ela está, em princípio, apta a utilizar diretamente a oportunidade que lhe é dada para melhorar substancialmente seu rendimento, tirando larga (e sabiamente) partido do *kairós* que se oferece a ela, sem que um processo petéico, isto é, uma análise estratégica, seja necessário para isso: seguir--se-á, pelo menos, um atraso na realização da ação projetada.

Resulta disso uma estranha condição ontológica, na qual estão implicadas tanto a consciência isenta da obrigação de correr atrás de um *kairós* que lhe escapa incessantemente, quanto o próprio *kairós*, que se vê captado e consumido, sem ter tido como fugir. E não nos apressemos para encarar essa qualificação do *kairós* como ontologicamente insólita ou contraditória; ao contrário, é necessário levar em consideração o fato que, por esse viés, o *kairós* deixa bruscamente seu estado potencial, que ele verdadeiramente nunca teria deixado, para se atualizar. Certamente, esse *kairós* se atualiza da mesma maneira que qualquer outro *kairós*: submetendo-se a uma aniquilação; mas é aniquilado na serenidade de uma harmonia estabelecida depois de tudo, entre ele mesmo e a consciência que se serve dele para alcançar seu fim, ou seja, cumprir seu projeto. O único coeficiente lesado no decorrer desse processo é a realidade, desapossada da continuidade que constituía sua potência, e isso, finalmente, em proveito da intencionalidade da consciência, e mesmo da existência da qual a consciência permanece sendo a manifestação suprema e, insistimos, como seu florão.

Quanto ao *kairós* assim descoberto e promovido, ele esconde uma riqueza de significações, dentre as quais a consciência retém aquela que lhe convém por excelência em uma dada circunstância, para explorá-la ao *máximo*. Entendido assim, o *kairós* se revela como um verdadeiro ganho inesperado e como uma abertura em direção ao sucesso de toda empreitada. Pela riqueza de sua contribuição, ele assegura o término feliz do esforço fornecido para a realização de um objetivo concreto concebido pela consciência, e do qual ele vem subitamente reforçar a execução. Sustenta o estatuto de liberdade de uma ação tornando-se senão de bom grado, ao menos facilmente, cúmplice de uma consciência que livremente o concebeu e consumou. Assim, contribui de maneira decisiva para o sucesso decorrente dessa ação.

Evidentemente, o termo de ação implica, no caso, dois sentidos radicalmente opostos: o de ação positiva e o de inação, entendida como uma retenção, que é, de fato, uma atividade decorrente de uma decisão tomada com toda liberdade, para responder a uma situação que é preciso enfrentar sem intervir. Ora, essa abstenção corresponde, também, a uma atividade de retenção mais que de relaxamento; de suspensão e de trégua mais que de inércia e de indolência. Qualquer que seja o tipo da ação em vias de se cumprir, está fora de dúvida que deriva de uma vontade que se manifesta livremente e que é suscetível de se decompor em várias seções, dificilmente discerníveis, a ponto de dar a impressão de uma continuidade sem falha.[69] Definitivamente, a ação é uma empreitada decididamente contínua, mas que admite uma dissecação teórica que facilita sua compreensão e a torna mais diretamente inteligível. Como toda atividade, o ato voluntário engloba também um momento káirico, o da decisão, desencadeado em favor de um *kairós* de proveniência exterior, recolhido e valorizado pela consciência, que ele influencia na etapa da deliberação. É, na verdade, um *kairós* propício por excelência, pois abala o processo de passagem da etapa da deliberação à etapa da decisão de operar abertamente

---

[69] Cf. E. MOUTSOPOULOS, *Théorie de La Volonté*, Athènes, Vayonakis, 1963, pp. 31-33 e IDEM, *Questionnements Philosophiques*, t. 3: *Vécus et Actions*, Athènes, 1984, pp. 232-235; IDEM, "Un théâtre rationnel intérieur: le kairós de la délibération chez Maurice Blondel", *Philosophia*, 25-26, 1995-1996, pp. 293-300.

ou de ocultar a ação sob uma aparência de inércia. Ativa ou aparentemente inativa, a consciência se encontra incansavelmente em estado de alerta, nutrindo à porfia projetos que visem servir a existência, consolidando sua condição com a ajuda de *kairois* seja buscados em circunstâncias difíceis, seja recolhidos de passagem, na ocasião de sua aparição espontânea. Para esse fim, a consciência não poderia se ativar sem o impulso que o *kairós* lhe proporciona, em qualquer categoria que pertença e de qualquer natureza particular que ele seja.

Buscado ou cruzado, o *kairós* conserva e faz crescer o grau de operação da liberdade fundamental da existência, tal como o exprime a liberdade de comportamento da consciência. Existência e consciência, por extensão, gozam ambas de um estado de liberdade, pois são autônomas, cada uma à sua maneira: uma, do ponto de vista puramente ontológico; outra, do ponto de vista epistemológico, assim como praxeológico.[70] É incontestavelmente inútil precisar que a autonomia da consciência somente reflete a autonomia da existência, da qual deriva e que atualiza. Com efeito, por sua autonomia, a consciência prolonga a ação da existência face ao mundo e, inversamente, sob a forma de ensinamentos, comunica as mensagens do mundo à existência. Existência e consciência são indissociáveis. Elas são representativas uma da outra, permanecendo distintas, conforme suas respectivas funções. Qualificamos a consciência como florão da existência e essa qualificação basta, certamente, para designar sua interdependência. Segue-se que a liberdade de uma implica a da outra e que uma (especialmente a consciência) intervém sem constrangimento, em nome da liberdade da outra. Ao nível do encontro da consciência com o *kairós*, sua liberdade se precisa para tornar-se uma liberdade káirica, uma liberdade que se exterioriza no quadro e a propósito da kairicidade.

A liberdade da consciência se torna ativa desde o instante em que se põe em contato com o *kairós* que a vivifica. Quer o encontre de surpresa ou o persiga, ela própria se atualiza ao atualizá-lo, seja imediatamente, seja após ter efetuado muitas manobras e muitos desvios, em caso de fracasso. Sua liberdade não sofre nenhum entrave, mesmo que deva enfrentar complexos comportamentos defensivos do *kairós* fugidio; muito pelo contrário: quanto mais desdobra procedimentos inéditos para frustrar as voltas do *kairós* que persegue, mais ela se afirma. A divisa de Bacon

---

70 Cf. *infra*, p. 130 e a n. 19.

concernente ao *kairós*, citada anteriormente, é, desse ponto de vista, mais valida que nunca. A consciência recorre à sua própria liberdade para inventar uma infinidade de combinações, com o objetivo de captar definitivamente o tão cobiçado *kairós*. Não é tal, ao contrário, a abundância de meios operados para apreender o *kairós*, espontaneamente apresentado ao sabor de uma circunstância favorável. Notemos, contudo que, também nesse caso, a liberdade da consciência é, por sua vez, mobilizada. Ela se presta a diversos procedimentos para enfrentar os eventuais escolhos. Entretanto, o *kairós* que aparece de repente não difere, em substância, de qualquer outro *kairós*, sobretudo se aparece dividido em *microkairois* que, seguramente, exigem contínuos esforços da consciência. A liberdade da consciência, tanto quanto sua intencionalidade, isto é, sua capacidade de formar projetos e de se ater a eles, garante o sucesso de suas empreitadas bem conduzidas, e seu desempenho vantajoso na realidade objetiva. É, pois, servindo-se de um agente precário e fugidio que a consciência livre consegue se impor, a princípio definitivamente, em seu universo ambiente, quer este seja seu meio ambiente natural ou ainda seu entorno humano.

3. Uma fuga previsível e irrevogável

Agarrar a ocasião, o *kairós*, de passagem, "pelos cabelos", sem que tenha sido anunciado, no momento de sua aparição, *exaiphnés*,[71] é uma proeza excepcional que poucas consciências têm a possibilidade de realizar. Em geral, uma consciência segue o caminho laborioso da *peteia*, com todas as dificuldades e perigos atinentes. O *kairós* é difícil de distinguir. Só acedemos a ele graças à perseverança, com o risco, certamente, de o perder, tanto é fugidio, mesmo fugaz, evanescente, móvel e transitório. Ele exige, para ser aproximado, precisado e eficazmente explorado, complicados cálculos infinitesimais, adequados à sua natureza, ela própria infinitesimal e que eventualmente inclui possibilidades de subdivisões microkáiricas

---

[71] A antecipação káirica do futuro evoca, sem de modo algum se identificar com ele por isso, aquilo que poderíamos designar, em psicologia, como "intervalo invertido" (*coming past interval*), tal a transmissão, necessariamente tardia, do olho ao cérebro, da imagem visual de um objeto movido com grande velocidade e aparecendo ἐξαίφνης, *repentinamente*. Cf. E. Moutsopoulos, *La Conscience de L'Espace*, § 22, pp. 65-68. Cf. também P. Fraisse, "Études sur la mémoire immédiate, III: L'influence de la vitesse de représentation et la place des éléments. La nature du présent psychologique", *L'Année Psychologique*, pp. 45-46, 1944-1945, pp. 29-42.

que necessitam de cálculos suplementares em escala reduzida. Fugidio, o *kairós* não é menos previsível, graças ao trabalho da consciência que consegue captá-lo apenas pela justeza de suas computações e de suas análises. Com efeito, ela enfrenta obstáculos frequentemente insuperáveis devidos à natureza precária de seu objeto que não se deixa interceptar facilmente, e que não se presta por si mesmo a uma tal empresa. Ele não é somente indiscernível em condições normais; é, além disso, passageiro e fugitivo; mais ainda único, logo, não renovável. Sua passagem é irrepetível e não existe nenhum meio, nenhum artifício suscetível de recapturá-lo. Ele é literalmente irrevogável.

Após ter passado sem a consciência saber, o *kairós* desaparece doravante por toda a eternidade. Persiste em sua potencialidade para não ver nunca mais o dia de sua atualização, aliás, efêmera também ela, como já observamos, pois conduz diretamente à sua consumação quase total graças à exploração intensiva. Porque irrevogável, uma vez desaparecido, muda-se em *kairós* lamentado. É somente através pena que o *kairós* não captado é sugerido, introduzido na memória e armazenado por ela como um quase vivido, doravante disponível para ser evocado a título de fantasma. Essa evocação vale também para o *kairós* captado e tornado objeto de fruição: após ter sido consumido e tornado inexistente, esse *kairós* é, todavia, recuperável graças à estreita colaboração entre a memória e a imaginação. Ele equivale, então, ao que Husserl chama de *presente retencional*. De fato, trata-se aqui de uma simples equivalência e não de dois casos idênticos, pois no caso do presente retencional a consciência se instala em um presente que tende a se tornar passado, enquanto que no caso do *kairós* falhado, ela se instala em um presente que nunca existiu. Claramente, por sua intencionalidade, uma consciência que funciona normalmente na espera de um *kairós*, instala-se no presente de um futuro; dito de outro modo, antecipa o futuro.

Concebido e vivido dessa maneira, o *kairós* se torna a conjuntura que não somente escapa e sai voando por excelência, mas apenas se anuncia; a prova disso é que ela não é nem apreensível e nem mesmo perceptível. Isso porque a consciência não está informada de sua passagem a não ser depois, donde a pena por sua perda. Volúvel, o *kairós* consegue se esquivar sem sequer se fazer sentir quando transita. Pelo contrário, se ele é perdido, torna-se objeto de um amargo penar. Sua natureza lhe permite desaparecer logo que se anuncia e logo que se deixa discernir, mas sob a condição ainda de que seja discernível. E, no entanto, em certas circunstâncias, o *kairós* se dá a conhecer segundo as regras, quando suas chances de ser apanhado já estão anuladas. Ele parece, então, brincar com consciência que não soube apreendê-lo e explorá-lo. Estamos, pois perante um acidente que põe em relevo, como por ironia, a incapacidade da consciência de se apropriar do *kairós*; pois, trata-se mesmo de uma incapacidade. A consciência está, em princípio, perfeitamente aparelhada para se apossar de qualquer *kairós* que seja. Se fracassa, é porque funcionou mal, porque não soube operar todos os meios de que era dotada. O *kairós*, por outro lado, uma vez malsucedido, uma vez garantida sua sobrevivência autônoma, retorque à sua maneira e a castiga, sublinhando sua incompetência e rindo-se de sua insuficiência e falta de jeito. Apesar de fugidio, o *kairós* é previsível e uma consciência suficientemente experiente e alerta está, certamente, qualificada para captá-lo; mas se por acaso deixa escapar a ocasião de interceptá-lo, não o poderá recapturar e até mesmo se arriscará a ver-se receber um gesto irônico e trocista, que a faz lamentar cruelmente de sua falta de jeito.

Tal é a estreita relação entre *kairós* e consciência, relação curiosa, ainda que visivelmente essencial; pois é em função dessa relação que a consciência encontra o *kairós*, entidade em potência, que admite uma atualização, mas que não ultrapassa – o que é mais frequente – o estado de potencialidade e se manifesta, uma vez preservado esse estado de potencialidade, através de uma ação retrospectiva, às custas da consciência, e portanto, da existência. Além disso, é pelos traços que o *kairós* falhado deixa no seio da consciência, que esta poderá obter o tão desejado sucesso em qualquer circunstância semelhante, sob a condição de não afrouxar sua vigilância. É significativo que a ontologia do *kairós* se encontre intimamente ligada à sua epistemologia. Com efeito, a vida própria do *kairós* não apresentaria interesse particular se não influenciasse a vida da consciência, e se não fosse respectivamente influenciada por ela. A consciência opera no campo da kairicidade e em função de um *kairós* preciso, manipulado segundo as possibilidades que oferece e as reações que cria; por consequência, em função da facilidade com a qual pode ser focalizado e submetido à vontade livremente expressa da existência. Não se perderá nunca de vista que a consciência é só a manifestação da existência e que são seus os impulsos que ela torna explícitos no plano prático. Nesse sentido, ela serve de traço de união epistemológico entre a ontologia da existência e a ontologia do *kairós*, do qual designa as afinidades: conhecimento indispensável ao seu manejo, à sua valorização e à sua fruição.

Seguimos o comportamento, tanto da consciência no momento de sua busca do *kairós* e de sua frustração por tê-lo perdido, em razão de não o ter previsto, como também do próprio *kairós*, nas circunstâncias análogas. É essencial ampliar esses enfoques, precisando o papel que a liberdade pode representar no seio da consciência, tanto em caso de seu sucesso, quanto no caso de seu fracasso. Sobre a natureza da liberdade, concordaremos que ela não é uma simples faculdade através da qual a existência se ativa, servindo-se de suas possibilidades de contato com o mundo, que lhe submete a consciência, mas um estatuto que lhe é próprio e na falta do qual ela não poderia ser autônoma. A liberdade é inerente à existência e qualifica sua regra essencial que é o substrato de sua autonomia e fora do qual seria impotente para exercer sua ação. Afirmando que a liberdade preenche uma tal função, simplesmente reconhecemos sua identificação com a própria existência.

Privada de liberdade, uma existência seria igualmente privada de qualquer possibilidade de ação. É a razão principal para a qual, evocando a noção de existência, evocamos, ao mesmo tempo, a de liberdade e *vice-versa*. Não há existencialismo ou personalismo, e nem essencialismo que não faça dessa identificação os fundamentos mesmos de seu ensinamento. Logo, põe-se o problema de determinar o sentido no qual essa liberdade da existência pode ser concebida, assim como a missão específica que ela está em condições de preencher no quadro ontológico que é o seu. Se o termo liberdade equivale ao de autonomia, ele só pode ser entendido como regendo a atividade da existência, face à realidade objetiva que a circunda. Essa atividade exprime a necessidade da existência de intensificar indefinidamente, apesar das dificuldades encontradas em seu percurso, as vicissitudes que o confronto com realidade objetiva implica para ela, em seu esforço de subsistir, e que exterioriza tanto a necessidade quanto o dever de a alcançar. É-lhe então forçoso que se aplique a isso no mais alto grau. É nesse nível preciso da kairicidade que a consciência se situa para melhor cumprir sua tarefa, e isso não somente ao se apropriar dele para melhor adaptá-lo às suas necessidades, mas, além disso, assimilando-o no campo privilegiado do exercício de sua liberdade. Com efeito, a kairicidade é ao mesmo tempo um nível, um quadro e um campo onde a liberdade da existência se reflete e se afirma de maneira mais dinâmica e enérgica que em qualquer outro lugar. Ela forma o prisma através do qual a consciência, substituto e prolongamento consentido da existência, exprime sua liberdade sob o aspecto de uma exigência que ela comunica – à guisa de uma obrigação – à realidade, a qual remodela segundo normas que convêm à existência. Essas normas visam, em primeiro lugar, assegurar sua continuidade; depois, confirmá-la nas melhores condições; enfim, estabelecer uma ordem nova, na qual existência e consciência poderão consolidar sua respectiva liberdade, que é seu estatuto comum de interdependência e à qual a realidade estará obrigatoriamente submetida.

É evidente que a kairicidade se torna, assim, o instrumento, o intermediário ideal e por excelência, através do qual a consciência enfoca os expedientes que ela mobiliza a fim de fazer o real dobrar-se à sua vontade, que é a vontade da própria existência, ou digamos: um *querer viver* que, em Schopenhauer, por exemplo, é o fundamento da liberdade. Com essa notável diferença que, para Schopenhauer, o *querer viver* admite ser suspenso e como que posto entre parênteses, desde que a consciência adquira momentaneamente sua independência contemplativa para saborear sozinha, a ascensão de um *kairós* estético.[72] Além disso, o *kairós* goza também, em sua precariedade, de uma certa liberdade, pois tem a possibilidade de escapar de sua perseguição; liberdade provisória, a bem da verdade, salvo se ele chega a se subtrair definitivamente à perseguição da consciência, mas para então recair no estado potencial que equivale à uma virtualidade e à uma disponibilidade hipotéticas. Somente o *kairós* que se apresenta *exaiphnés* vê sua liberdade bruscamente comprometida, mas, se lhe acontece subtrair-se, por seu turno, à captura, seu destino será idêntico ao de qualquer outro *kairós* que tenha conservado intacto seu estatuto de origem. Liberdade fundamental da existência; liberdade (por procuração ou *por usurpação*, segundo o caso), como em Schopenhauer, da consciência; liberdade, sob reserva de ativação, por reação do *kairós* formam um complexo dialético no interior do qual posição e desafio se confundem. O que finalmente prevalece é a atividade da existência que, por intemédio da consciência, consegue reverter as situações em favor da continuidade do ser.

---

72 Cf. E. Moutsopoulos, *La Dialectique de la Volonté dans L'Esthétique de Schopenhauer*, Athènes, 1958, pp. 55-56 e a nota; Idem, *Questionnements Philosophiques*, t. 2, *Rétrospectives et Restructurations*, Athènes, 1978, pp. 308-310, n. 2. Cf. A. Schopenhauer, *Le Monde Comme Volonté et Représentation* (1818), trad. fr. por A. Burdeau, Paris, P.U.F., 1966, livro I, cap. XIII, § 52, pp. 340-342. Apresentando-se como continuador de Kant, Schopenhauer substitui, na realidade, a noção kantiana abstrata e estática de *coisa em si*, pela noção concreta e dinâmica de *querer-viver*. Cf. *infra*, p. 153 e a n. 11.

CAPÍTULO III

Os Traços do *kairós*

1. Prospectiva: impressões e vestígios

Será preciso recordar que o *kairós* só é concebível em virtude e através da noção de kairicidade, que funciona, repitamo-lo, ao mesmo tempo como quadro, como prisma que refrata o real e como campo de atividade da consciência? É através da kairicidade que a consciência forma propósitos e os estrutura em *prospectivas*, ou seja, em planos de ação, em projetos de influência a serem exercidos sobre a realidade objetiva. Esses projetos se apresentam como "guias derota", itinerários traçados antecipadamente e visando alcançar um fim ou um conjunto de metas precisas, fixadas em função das possibilidades presumidas de seu cumprimento. O problema que desde então se põe, é de designar o modo pelo qual a realização dos propósitos em questão será assegurada. O termo de prospectiva, neologismo introduzido com conhecimento de causa por Gaston Berger e sua escola,[73] faz referência à atenção levada pela consciência ao futuro, próximo ou distante, e ao estudo das condições sob as quais podem se efetuar os objetivos de uma empreitada. Ele representa a mais recente e mais apropriada terminologia empregada a propósito do grupo de noções relativas à kairicidade, mas que, como nos casos anteriores de referências análogas, ainda não chega a designar de maneira absolutamente adequada a problemática do *kairós*.

Efetivamente, pouco numerosos são os filósofos que não abordaram, de perto ou de longe, esse assunto; mas todos, por assim dizer, somente contornaram a questão, por falta de terem ousado recorrer à terminologia original, tal como ela havia sido fixada desde a Antiguidade.[74]

---

73 Cf. *Statuts du Centre International de Prospective*, Paris, 1957. Cf. G. BERGER, *Phénoménologie du Temps e Prospective*, Paris, P.U.F., 1964, pp. 270-275.
74 Cf., por exemplo, PLATÃO, *Lois*, IV, 709b; cf. *Epínomis*, 976e; *Carta VII*, 334d, 339c. Cf. nosso estudo "Hasard, nécessité et kairós dans la philosophie de Platon", *Hasard et Nécessité dans la Philosophie Grecque*, Athènes, Acad. d'Athènes, 2005, pp. 60-69. Cf. IDEM, *Pallas* (Toulouse), 72, 2006, pp. 315-321.

Assim, a prospectiva se refere a um complexo de situações, através das quais se profila a programação de um encaminhamento, que termina com a satisfação de uma aspiração que pode se apresentar sob diversas formas, segundo sua intensidade e sua manifestação particular: desejo, apetência, ambição, necessidade, vontade, tentação, pretensão, mas, antes de tudo, espera – ou seja, crença em seu caráter realizável. Na falta dessa crença, tratar-se-ia, pois, tão somente de sonho, de devaneio, de anseio, de veleidade, de hipótese conscientemente absurda, de simples jogo da imaginação. Para que haja prospectiva é necessário que ela seja acompanhada da convicção, senão da certeza, de que suas perspectivas estão fundadas praticamente. Nenhuma prospectiva poderia repousar sobre uma ilusão; ela seria mesmo ininteligível. A ela faltariam fundamentos que lhe confeririam uma validade fundamental. Donde sua incongruência.

Pelo contrário, o realismo, mais exatamente o pragmatismo, que subentende, ou melhor: que *deve* necessariamente subenteder uma prospectiva assim entendida, defere-lhe um caráter verificável que, com toda evidência, sublinha sua racionalidade. Daí resulta que toda empreitada da consciência define uma prospectiva e se funda sobre o conjunto das eventualidades consideradas no interior de um campo, onde se exercem interações de forças, que se precisam através do prisma da kairicidade. Ela se inspira obrigatoriamente em uma intenção pragmatista, caso pretenda aceder a um resultado convincente. Seu objetivo é, antes de tudo, prever a eventualidade tanto de seu sucesso como de seu fracasso; dito de outro modo, e segundo nossas investigações anteriores, tanto o desaparecimento do *kairós* apreendido, e que foi feito objeto de fruição, como o do *kairós* que escapou de uma perseguição. Mostramos igualmente que, em razão de seu caráter precário, o *kairós* é, qualquer que seja, devotado ao aniquilamento. Ora, esse destino não equivale inevitavelmente a uma supressão definitiva. Não há dúvida de que o *kairós* falhado mal serve ao fracasso de sua captura, e que o *kairós* capturado, seja através de uma aparição súbita, de um *exaiphnés*, seja após uma perseguição trabalhosa e depois submetido a uma fruição que vai até seu esgotamento definitivo, não desaparece sem deixar traços. São esses traços que testemunham sua passagem discreta, clandestina e oculta, ou ainda seu esmagamento, indo até a extirpação do menor recurso, em proveito da consciência opressora.

O que exatamente são esses traços? Uma empreitada que merece a qualificação de prospectiva deve imperativamente levá-los em conta, pois podem afetar, mesmo ulteriormente, a evolução de uma situação dada. De uma maneira geral, poderíamos distinguir duas classes principais, respectivamente denominadas, na falta de uma designação mais rigorosa: *impressões* e *vestígios*. Uns designariam os traços deixados pela passagem do *kairós* na consciência (e, por esse viés, na própria existência), enquanto vividos; os outros, as marcas abandonadas no campo em que confronto foi produzido, em vista da captura e da exploração do *kairós*. As impressões concernem, inegavelmente, à vida interior do sujeito; em compensação, os vestígios marcam a sequência de situações objetivas, nas quais o *kairós* e seus prováveis acólitos, os *microkairois*, inserindo-se nela, foram chamados a representar os papéis de protagonistas, antes de desaparecerem, um após o outro. As impressões deixadas na consciência não são, certamente, traços isolados. Independentemente da maneira, súbita ou premeditada (segundo um projeto bem estabelecido), a partir da qual o *kairós* foi apreendido, sua captura não deixa a consciência indiferente. Ele faz, doravante, parte integrante dela, pois a enriqueceu consideravelmente com sua contribuição, mediante seu aproveitamento, supostamente intensivo e exaustivo. Ele nela já existia virtualmente, graças à perspectiva de sua busca. Nela existe doravante em toda sua virulência, para ser explorado a fundo. A consciência sai disso vivamente penetrada, impregnada, enriquecida. Quanto mais ela se dá o trabalho de decaptá-lo, mais sente sua importância e peso. Sua própria experiência é acrescida e ela se sente satisfeita com sua proeza. Traz em si o testemunho de seu desempenho, do qual só ela poderá fazer bom uso no futuro. Confortada por sua vitória sobre a realidade objetiva, prosseguirá com a exploração pela busca, captura e valorização de *kairois* únicos, mas que se sucedem, estando a via aberta por meio de sua conduta inicial. Sob a condição de que seu propósito não cesse de estar em vigor e que o objetivo aguardado não sofra nenhuma modificação estratégica, ela persiste em sua linha de conduta. Seu novo saber oferece-lhe o desafogo para abordar e captar qualquer novo *kairós* assinalado: hábito adquirido e uso da experiência herdada.

Cada operação similar apresenta, certamente, suas particularidades, e é sempre difícil chegar ao termo sem proceder *mutatis mutandis*, isto é, sem levar em conta especificidades operatórias necessárias, particulares, distintivas e, finalmente, extraordinárias, que qualificam os objetivos sucessivos da consciência que age no nível da kairicidade. Nenhum *kairós* é suscetível de se repetir enquanto tal, mas o que se presta mais ou menos à repetição são os meios operados pela consciência para chegar aos seus fins e, nesse ponto, o saber recolhido revela-se infinitamente precioso. Essas considerações se reportam mais especialmente ao aspecto metodológico da atividade da consciência, sem invalidar-lhe o aspecto especificamente epistemológico. Satisfeita por seu êxito, a consciência pesa os prós e os contras de suas chances de prosseguir com a realização de seu projeto na mesma direção, ou se será preciso modificar um tanto quanto seu próximo tiro, e isso na esperança de obter resultados ainda mais tangíveis. Depois, ela avalia os dados precedentes e julga se os resultados já obtidos foram suficientes, o que não exigiria sua consolidação por uma atividade ulterior no mesmo sentido. Nesse caso, ela se libera de seus compromissos para se livrar à realização de novos desígnios e empregar-se na busca de algum outro *kairós*, de onde sua experiência facilitará a captura e a exploração. De sucesso em sucesso e de fracasso em fracasso, a consciência aperfeiçoa suas capacidades e se torna sempre mais apta a responder livremente às exigências da existência e da realidade.

Os próprios vestígios do *kairós* são índices de sua passagem, abandonados no seio da realidade objetiva, afetada pela atividade da consciência. Recordemos que, por sua natureza, o *kairós* marca um corte, uma descontinuidade em uma continuidade, e que esse corte admite uma valorização, pela consciência, para favorecer uma mutação da realidade, com vantagem para o projeto posto em execução. A consciência exerce sua liberdade, escolhendo o instante (a zona de duração ou, a propósito do espaço, a zona espacial), onde sua ação será mais rentável.[75] De fato, não se trata de uma *passagem* do *kairós*, mas de uma *ilusão de passagem*. O que se passa é, na verdade, a "olhadela" da consciência que escruta e que "varre" o horizonte do campo onde ela deve intervir para melhor desencadear a descontinuidade, a falha na qual se introduzirá, frequentemente de modo deliberado, mas também sub-repticiamente, ao seu bel prazer, segundo o modo que lhe parece mais adaptado. A ilusão relativa à passagem do *kairós* prolonga-se no plano de sua captura, pois, na verdade, somente a consciência se

---

75 Cf. F. Spisani, *The Meaning and Structure of Time* (ed. bilínguue), Bologna, Azzeguidi, 1972, pp. 31-34; 57-60 99-104.

move por ocasião das suas tentativas, frequentemente reiteradas, para se deslizar no corte que forma o *kairós* destinado a ser captado. A captura do *kairós* equivale, então, a um alargamento da brecha que ele representa no seio da continuidade assim manipulada. O vazio posto em evidência não desaparece por conta disso: é antes sua aparência que se esvanece. O que prima, daí em diante, é seu interesse pela mudança de significação da porção da realidade que ela antecedia e já separava da porção seguinte, como corte virtual, antes dele mesmo sofrer o alargamento que lhe valeu o crescimento de sua importância.

Visto dessa perspectiva, e uma vez o *kairós* explorado quase a fundo, a porção residual da realidade é posta à mercê da consciência, que se emprega, então, com toda liberdade, para modificá-la conforme seu modo de ver. Os traços, digamos, os vestígios deixados pelo *kairós* sobre essa porção da realidade, se unem ao selo que a liberdade da consciência lha imprime. Ela a submete especialmente ao projeto que tenta executar integralmente. O *kairós* já explorado age sobre o resíduo que ficou isolado e representa o papel de intermediário com relação à consciência. Entre a consciência e a realidade, doravante subjugada e reestruturada, se estabelece, graças à exploração do *kairós* e por sua mediação, uma relação de causa e efeito, nos termos da qual a realidade é subordinada às exigências da intencionalidade, ao menos até o momento onde a consciência para de se impor, tendo sua intenção primeira cessada de ter curso, quando alcançado seu fim imediato. Sem que os vestígios deixados pelo *kairós* sobre a realidade desapareçam por conta disso, sua gravidade se atenua progressivamente, visto a formação, no seio da consciência, de novos interesses, que se concretizam em novas intenções e em busca de novos *kairois* a captar e explorar, partindo de novas descontinuidades na continuidade subsistente, e como que de pronto, até o desaparecimento definitivo da existência e mesmo para além disso; pois, a sequência de *kairois* decisivos, valorizados por uma consciência privilegiada, sob a forma de efeitos duráveis no quadro da realidade histórica da humanidade, são aproveitáveis por todos e para sempre na qualidade de grandes fatos, de iniciativas, que emanam da liberdade da existência e, por extensão, da consciência em ação.

Sublinhamos várias vezes seguidas, que o interesse que impele à operação de reestruturação da realidade, lançada segundo o procedimento da busca do *kairós*, e terminando em uma situação que lhe outorga o estatuto de estrutura latente, é condenável quando fora dos limites da lei moral. A liberdade que permite à consciência fazer oscilar a realidade, a partir de um *kairós* que funciona à guisa de uma charneira, dividindo-a em duas abas distintas, não pode se privar desta lei. Ela domina toda perspectiva káirica e impõe respeito a ela, pois garante sua validade.[76]

2. De algumas sombras

Estrutura latente ou ainda sui generis, o kairós é uma presença ao mesmo tempo íntima e distante: íntima, posto que intensamente vivida pela consciência; e distante, pois está, em princípio e frequentemente, situada em um instante por vir. Certamente, aproxima-se da consciência pela força das coisas, pois tal é seu destino; mas ainda porque a própria consciência vai ao seu encontro para aí se instalar e dominá-lo pelo interior. Isso é dizer que o kairós se torna um desafio em relação ao qual a consciência está sempre pronta a se posicionar; ela lhe consagra um interesse quase que exclusivo pelo fato de que o considera de importância vital para sua atividade e para êxito de seus desempenhos. Todavia, as coisas não se passam sempre assim, tão simples, se considera todo o mal a que a consciência se impôs para chegar aos seus fins, e em quais riscos incorreu antes de alcançá-los. É claro, no entanto, que seu primeiro objetivo é de pôr-se obstinadamente a serviço do kairós, antes de servir-se dele. Ademais, ela não está isenta de erros, não somente quanto ao método de sua abordagem e de sua captura, mas ainda quanto à sua identidade mesma: trata-se de um kairós pretendido, do bom kairós, digno de seu projeto, ou de um kairós qualquer que se revelará inadequado, portanto, desfavorável com o tempo? É mister, enfim, que ela conte com a provável resistência do kairós a ser capturado e com os numerosos subterfúgios que ele pode desdobrar para escapar. Agilidade e mobilidade lhe são, pois, indispensáveis para assegurar de imediato uma mudança imprevista de rota. Tudo depende de sua flexibilidade e de sua aptidão para se adaptar a novas situações, sem nunca se afastar de seus fins estratégicos.

Essa persistência da consciência em seus projetos é capital: permite-lhe não cambalear e nem perder a partida na qual tanto investiu.

---

[76] J. Paumen, *Temps et Choix*, Bruxelles, Édit. de l'U.LB, 1972, pp. 35-70, 107-174.

O desafio pode se revelar falso, mas é impensável que ela não descubra logo um outro, mais apropriado ao seu plano de ação já interrompido, e que não possa mudar de rota para contornar uma dificuldade passageira ou escapar das consequências de uma escolha errada. É nesse último caso que é mais difícil evitar uma verdadeira derrocada. Com efeito, a consciência já engajada se vê, logicamente, em má postura: certifica-se de seu erro, certamente, mas sem poder detectar prontamente uma solução alternativa ao problema. Daí seu embaraço, seu constrangimento, sua confusão, que cedo já não mais era uma surpresa, mas uma desilusão, que lhe deixa como herança a dúvida de ter a capacidade para se reorientar. Só com muita sabedoria, apoiando-se, entre outras coisas, sobre uma longa experiência, para se recuperar e mudar de caminho, ela reencontrará seu equilíbrio e progredirá, não sem ter modificado seus desígnios, na mesma medida de suas necessidades.

Nesse contexto, o *kairós* está longe de representar um papel de protagonista; a desventura da consciência faz, contudo, com que a sombra do *kairós* seja projetada sobre sua atividade. Mais exatamente, mesmo que não diretamente responsável por essa inconveniência, o *kairós* é seu pretexto. Enquanto tal serve de testemunha do infortúnio que ela experiencia. Testemunha obscura e silenciosa, subtende a resignação da qual se torna, por assim dizer, o catalisador, permanecendo inteiramente inerte e imóvel, pois, em definitivo, não interessa mais à intencionalidade. Sua situação face à consciência é indiferente, distante e desprendida, pois essa não tem mais que se preocupar com ele materialmente. A sombra do *kairós* continua malgrado tudo, a pesar sobre a consciência e a persegui-la, por sua vez, no sentido de que ela se esforça para evitá-lo, pois é doravante inútil, mesmo nocivo, aos seus projetos em curso de revisão e após o estado de desassossego que antecedeu.

Mas essa sombra não é a única a importunar a consciência que está em vias de se recuperar de seu erro, um erro que não tem nada de comum com o ensaio, abortado no quadro de uma tentativa petéica controlada. Antes, falaremos aqui das sequências de um lapso, para as quais a consciência não estava absolutamente preparada. A sombra que presentemente pesa sobre ela é a do receio de cometer um novo lapso. Ora, essa sombra e o temor que ela provoca lhe são antes benéficas, pois encorajam-na a melhor se organizar e tirar partido de sua experiência infeliz, para adquirir uma estratégia diferente e definir um método de investigação válido para seus projetos, que permanecem, em princípio, imutáveis, pelo fato de que exprimem tendências persistentes da existência. Reconfortada, reassegurada, a consciência retomará suas atividades, prioritariamente ao nível da kairicidade, sempre alerta e permanentemente em busca de outros *kairois*, suscetíveis de favorecer sua prospecção, sem risco de, no futuro, enganar-se por inadvertência, mas perseguida sem cessar pela sombra de seu infortúnio. Essa age, sobretudo, como protetora, evitando-lhe novos escorregões e lhe garantindo um comportamento irreprochável, sem falta e sem excesso, do ponto de vista racional, segundo a justa medida, a mediania, exigida por Aristóteles e, depois dele, por Tomás de Aquino, dentre outros.[77] Além disso, a busca da medianidade remete à repetição, que é o apanágio da regularidade, ela própria, traço distintivo do ritmo. Ora, o ritmo é, por sua vez, um elemento de determinação, ou de determinismo, que qualifica o mundo da matéria como a *Ananké* do *Timeu* platônico,[78] que está submetida à ação onipotente do espírito criador. Mas, nas *Leis*,[79] Platão associa o *kairós* à contingência, na direção dos assuntos humanos, o que explica a oposição entre sua unicidade e a pluralidade da matéria. Contingência e determinismo se opõem no plano da natureza, não no do complexo existência-consciência, onde a unicidade é rainha e onde o dinamismo da consciência responde ao da existência. Segue-se que a primazia da busca incessante pelo *kairós* é a cada vez única, excepcional e não submetida à repetição.

Uma terceira sombra se projeta sobre a consciência, em razão de sua experiência passada: a do desejo de que o *kairós* buscado *não seja único*, de que ele seja reprodutízel para que, em caso de fracasso, a consciência disponha de ao menos uma chance suplementar de repescagem. Nesse ponto, há visivelmente uma contradição: de um lado, e em princípio, o *kairós* não se presta à repetição; e, de outro, seu caráter repetitivo é implicitamente invocado. Essa contradição persegue o movimento da consciência e representa a sombra mais séria que o *kairós* (que não responde ao seu projeto e que se mostre inadequado à sua busca) continua pesar sobre

---

[77] Cf. Tomás de Aquino, *Summa theol.*, éd. H. Halokairinou, 2a 2, ae, *LVII*, art. 10, p. 64, 1. 14 – p. 66, 1. 20; *LXI*, art. 2, p. 99. 1. 9 – p. 101, 1. 24, *Corpus Philosophorum Graecorum Recentiorum*, dir. por E. Moutsopoulos, t. II, 18, Athènes, Fondation de Recherche et d'Éditions de Philosophie Néohellénique, 2002.

[78] Cf. Platão, *Timeu*, 48a. Cf. E. Moutsopoulos, "Nécessité et intelligence dans la cosmogonie du «Timée»", *Philosophia*, p. 37, 2007.

[79] Cf. Platão, *Leis*, IV, 709b. Cf. E. Moutsopoulos, "Hasard, nécessité et kairós dans la philosophie de Platon", *loc. cit.* (cf. *supra*, p. 96 e n. 1).

ela, com o risco de comprometer a retidão de sua atividade futura. O *kairós* único se arrisca, por isso mesmo, a ver sua natureza desfigurada pela expectativa improvável de uma reaparição futura, em todo caso inútil e sem importância, no caso um sucesso imediato. Tal reação da consciência tão somente altera, sem razão, a configuração de uma situação dada e a deixa atolar-se no irreal.

Essa atitude testemunha um recurso ao privilégio inconteste da liberdade que a existência goza e de que a consciência se aproveita, abusivamente, no caso. O abuso, se tem envergadura, não pode ser tolerável sem o risco de comprometer tanto a natureza mesma da liberdade da existência e da econsciência, quanto a unicidade do *kairós*. A consciência dispõe, eventualmente, de alguma chance de se recapturar, mas essa chance é aleatória e, seguramente, não deve nada à repetição e à recorrência do *kairós* em questão, mas à aparição de um *outro kairós*, talvez tão favorável quanto o anterior, mas inteiramente contingente e acidental, sem relação alguma com aquele de um interesse comum que ele representa para a consciência que o descobre e que atribui ao seu caráter inteiramente fortuito uma significação relativa à sua perspectiva, que permanece inalterada. Essa obstinação faz com que a consciência prossiga sua ação numa direção constante e se beneficie de todas as conjunturas próprias para a realização de sua intenção. A hipótese, associada ao anseio da possibilidade de repetição de um *kairós*, revela-se definitivamente ilusória, e é graças ao escrutinamento do horizonte da realidade, que a consciência descobre, por acaso, um *kairós* no qual ela investe, de novo, os recursos de sua intencionalidade.

Uma dialética entre a necessidade de repetição, ainda quando ela seja rítmica, regendo o universo da matéria, e a contingência definindo a liberdade de que goza a inventividade que qualifica a consciência criadora, foi realçada por Bergson: «Responder a uma ação sofrida por uma reação imediata... eis a lei fundamental da necessidade. Se existem ações livres, ou ao menos parcialmente indeterminadas, elas só podem pertencer a seres capazes de fixar... o devir sobre o qual seu próprio devir se aplica».[80] Discernimos, aqui, a presença de uma alusão inegável a um processo que se refere à kairicidade. No nível dessa kairicidade, passamos da realidade

---

80 Cf. BERGSON, *Matière et Mémoire* (pp. 235-236), *Œuvres*, Éd. du Centenaire, Paris, P.U.F., 1959, pp. 344-345; cf. G. MAUCHASSAT, *La Liberté Spirituelle*, Paris, P.U.F., 1959, pp. 136-137; cf. E. MOUTSOPOULOS, *La Critique du Platonisme Chez Bergson*, 5ᵉ éd., Athènes, I.P.R., 1997, especialmente pp. 57-58.

inicialmente dominada por um determinismo rigoroso, à sua reestruturação arbitrária, que serve aos projetos da consciência, mesmo ao preço de sua subordinação provisória às exigências dessa realidade.[81] A diferença reside, então, entre a necessidade, que domina a estrutura do real, e a liberdade, que supõe o ato de sua reestruturação no seio da kairicidade. O receio da recidiva do fracasso é, evidentemente, rapidamente ultrapassado e a sombra do temor de um novo erro, imediatamente dissipada.

Não é absolutamente necessário determo-nos um pouco mais nessas análises. É suficiente reter a lição que delas resulta, a saber: que o manejo da kairicidade supõe a liberdade da consciência em sua busca, a fixação e a exploração do *kairós*, ainda que ela possa registrar dolorosas derrotas no decorrer do exercício de suas prerrogativas; derrotas de que guarda a lembrança sob forma de desconfiança e de apreensão, e de que se desembaraça em parte, a contar de seu êxito seguinte. Quanto ao *kairós*, após ter escapado de sua captura por causa da inadequação, continua sua marcha à maneira de qualquer outro *kairós* que se ocultou, não sem deixar traços ou sombras de que a consciência, mesmo tendo sofrido alguma contrariedade, consegue, senão se desfazer, ao menos se beneficiar em uma certa medida. A ontologia do *kairós* só pode sublinhar a importância de sua aparição, de seu percurso e dos diversos modos de seu desaparecimento. Certamente, ao passar se revela efêmero, mas os traços que deixa são duráveis e se esboçam de maneira definitiva sobre o fundo histórico, assim como sobre o fundo puramente existencial, por intermédio da consciência. Ademais, sua presença é bem real e engendra atos também reais.

Quase entidade, em princípio previsível, o *kairós* se presta à exploração quase exaustiva, mas seus recursos são de fato inesgotáveis, pois, após seu esgotamento aparente, em favor de uma consciência, outros recursos restam ainda para serem conquistados por outras consciências. Sob a condição de que possamos conquistá-lo, ele se oferece de diversas maneiras à intencionalidade da consciência, que tem a escolha de abordá-lo e de apanhá-lo, em função das condições mais vantajosas para ela. Assim, o *kairós* alimenta, através da descontinuidade que materializa no seio da realidade objetiva, o exercício da liberdade e, ao mesmo tempo, a continuidade da existência, que o aborda e assume sua fruição.

---

81 Cf. *supra*, p. 22 e n. 3.

3. A objetivação do *kairós*

Entre a consciência e a realidade se instaura, então, um diálogo direto, concernente ao *kairós*, que se organiza e evolui como dialética. Vimos como esse diálogo se desenvolve sob o aspecto de uma série de questões e de respostas, que despertam o agenciamento da *peteia* e a forma rigorosa que assume, conforme a aparência distinta que caracteriza cada caso particular. A estruturação de tal dialética se concretiza como um encadeamento de tentativas, feitas por hipóteses que a experiência confirma ou infirma. Não é, todavia, indispensável que essa dialética se reduza só à necessidade de captar o *kairós* unicamente para utilizá-lo em benefício da consciência que o explora com fins egoístas ou sórdidos; pode, também, visar a captação de um *kairós* que satisfaça as mais nobres necessidades e aspirações, como a necessidade de saborear a fundo o conteúdo do instante qualificado como retencional. Não se trata de simplesmente tirar proveito ou mesmo de abusar das potencialidades apresentadas pelo *kairós*, mas de gozar dos recursos que ele encerra e que, finalmente, não recusa partilhar com todos aqueles que o solicitam, dispensando-os generosa e alegremente, tanto mais que os dispõe em profusão.

Acontece o mesmo com os lugares privilegiados, acerca dos quais a kairicidade se exprime em termos relativos às categorias espaço-káiricas, tais como as categorias de *aqui ainda não e de nunca mais em parte alguma*.[82] Ora, existem contexturas resultantes de concordâncias káiricas, relativas não somente a instantes ou lugares isolados, mas, além disso, a coincidências de instantes e de lugares de importância excepcional, que se oferecem a uma objetivação, isto é, a uma fixação durável que é explorada, não mais por uma consciência individual, mas antes de tudo por uma consciência intersubjetiva, senão coletiva e universal. Fala-se, aqui, de estruturas que objetivam, eternamente, a impressão de um instante fugitivo ou de um lugar de passagem, captados sob o signo da kairicidade e de um *kairós* que não poderia se repetir, sob pretexto algum. São, por exemplo, as fixações artísticas do gênero do quadro de Monet intitulado *Impressão* (que deu seu nome a toda uma corrente artística, e que não se limita só à pintura do século dezenove). São, também, as tentativas de surpreender e de fixar para sempre aspectos káiricos, normalmente fugidios,

---

82 Cf. E. MOUTSOPOULOS, *La conscience de l'espace*, §§ 34-37, pp. 99-107.

de lugares iluminados por um brilho único. Em apoio disso, os ensaios fotográficos de Bresson que, por volta da metade do século vinte, soube tomar, de modo magistral, perspectivas extraordinárias e inesquecíveis de paisagens parisienses, por ocasião a instantes privilegiados pela luz, que os transforma em instantes decisivos.

Na música, esse processo se intensifica e se faz ainda mais veemente, graças à natureza dessa arte. Alguns casos indicativos de instantes musicais káiricos concludentes, serão suficientes para dar uma ideia disso. Trata-se, sobretudo, de elementos paciente e atentamente escolhidos, para causar admiração e criar uma atmosfera que reflete situações inesperadas, irrupções *exaiphnés* de estados efêmeros, que terminam por se resolver como atitudes normais. Citemos o impacto ocasionado pela audição do acorde em Dó menor, vindo interromper bruscamente a tonalidade do segundo tema do *Allegro* da *Sinfonia Inacabada* em Si menor, de Schubert; ou ainda, na abertura de *Leonora* nº 3, de Beethoven, em dois momentos: *piano*, depois *forte*, a sugestão espacio-káirica da chegada do castigo; ou ainda o som da trompa (*Leitmotiv*), anunciador, também, da entrada do herói em *Sigfried*, de Wagner; ou mesmo o *Allegro non troppo* da *Sinfonia nº 3*, op. 73, de Brahms, quando, no fim do desenvolvimento (compasso 286), passa-se subitamente (*exaiphnés*), em favor de um efeito cromático, da tonalidade de Fá maior à tonalidade de Ré Maior, que termina com uma retomada, retmanejada e enriquecida com elementos novos; ou, enfim, o silêncio prolongado que separa o encerramento exasperado de *Don Juan*, de Richard Strauss, do epílogo, ao mesmo tempo calmo e dilacerante, da obra. Poder-se-ia multiplicar exemplos à vontade. Esse silêncio, especialmente, é um silêncio eloquente, como, na escultura, os vazios e buracos nas obras de Moore,[83] na mesma ordem de ideias que o silêncio que, na filosofia de Plotino, funciona como um apelo à presença da Transcendência.[84]

A fixação do *kairós*, no nível da arte, torna-se de fato uma objetivação. Assim fixado, o *kairós* é captado para sempre e valorizado, a título representativo, enquanto modelo a ser alcançado diretamente e expediente privilegiado para realizar um propósito. Essa dupla qualidade faz dele simultaneamente um objetivo e uma modalidade que dá acesso a uma

---

83 Cf. Idem, "Le vide esthétique: essence et structure", *Real World Design*, Univ. of Helsinki (Lahti Research and Training Center, 1997), pp. 101-104. Idem, "Le caractère kairique de l'œuvre d'art", *Actes du Vᵉ Congrès Internat. d'Esthétique*, Amsterdam, 1964, pp. 115-118.
84 Cf. G. Bal, "Silence et altérité chez Plotin", *Diotima*, 34, 2006, pp. 97-108.

causa final que, no caso do prolongamento daquilo que Étienne Souriau chama de «a instauração filosófica»,[85] não é outra coisa senão o acabamento da obra de arte, única, ela também, à maneira do *kairós* do qual o artista se serve para cumprir sua criação. É nesse contexto de trabalho criador que o artista mobiliza sua sagacidade para valorizar todos os seus recursos de liberdade e instaurar uma obra única e original, pois ela se subtrai ao domínio do típico e do estilizado,[86] em suma: da banalidade.[87]

A liberdade autoriza a encarar positivamente a maior parte dos riscos eventuais que acompanham o desejo de transcender o que é habitualmente aceito, e a tentar realizar o que ninguém ousou realizar antes, temendo chocar ou simplesmente desagradar, por ter transgredido os limites de um certo conformismo coletivo, em um campo não somente estético, como também mais geral, o que poderia desencandear uma reprovação, uma censura, uma admoestação, ou mesmo uma acusação.[88] É preciso, pois, coragem e todos os recursos da liberdade para enfrentar os riscos incorridos pela criação original, cuja unicidade repousa sobre a de um *kairós* captado e objetivado por intermédio de um processo artístico. A arte possui e utiliza sua própria heurística, solidária de regras estritas, às quais o criador é obrigado a recorrer, todavia em um espírito de liberdade, se pretende ultrapassar as formas até então consumidas e situar-se nas múltiplas possibilidades que a kairicidade lhe ocasiona. Sem dúvida alguma, a liberdade facilita então a utilização dos recursos da kairicidade ao longo do processo da criação, que admite a objetivação precisa de um *kairós*.

Da mesma maneira que a liberdade, a kairicidade é um depósito inexaurível de potencialidades. As duas se comunicam através da consciência: a liberdade da consciência desvenda os meios que a kairicidade põe à sua disposição; e, inversamente, a kairicidade dá acesso à concretização das veleidades que tem ocasião de transformar em atos voluntários, assinalando sua abordagem e, em definitivo, a captura, a exploração e a fruição de um *kairós* (ou de vários *kairois* distintos, sucessivamente), nos diversos

---

85 Cf. Ét. Souriau, *L'Instauration Philosophique*, Paris, P.U.F., 1939, pp. 335-336; E. Moutsopoulos, "Kairós et dialectique dans l'instauration artistique", *loc. cit.*
86 Cf. Idem, "Phénoménologie de la fixation formelle: le typique et le stylisé", *Mélanges G. C. Vlachos*, Athènes, Sakkoulas/Bruylant, 1995, pp. 681-686.
87 Cf. L. Jerphagnon, *De la Banalité. Durée Personelle, Durée Collective*, 2ª ed., Paris, Vrin, 2005, pp. 39-41.
88 Cf. E. Moutsopoulos, *Conformisme et Déformation. Mythes Conformistes et Structures Déformantes*, Paris, Vrin, 1978, especialmente pp. 35-54; Idem, "Conformisme et contestation dans le domaine de l'art: une dialectique intentionelle", *Annales d'Esthétique*, 37-38, 1997-1998, pp. 19-25.

campos da atividade da consciência, especialmente no campo da criação estética, onde as chances de uma objetivação bem sucedida do *kairós* são particularmente importantes. Essa objetivação é, evidentemente, a prerrogativa do criador e, eventualmente, também do executante, nas artes ditas de interpretação, como a música, ora, o contemplador tem igualmente o direito de saborear o *kairós* objetivado, sob a condição de que tenha se preparado para isso, na falta do que ficará insensível: um contemplador passivo, incapaz de reagir, de qualquer maneira que seja, à provocação do *kairós*.

Sob os diversos aspectos que reviste, a objetivação do *kairós* assinala seu traço permanente e mais constante. Mostra-se também mais próxima do estado de valor, sem com isso se identificar com ele: brilha e se torna objeto de um desejo intelectual. Longe de equivaler a um valor autêntico, assume, ocasionalmente, sua configuração; a tal ponto que poderia tornar-se um intermediário dele, um mensageiro. Do ponto de vista de sua comparação com a ideia de "fio da navalha", o *kairós*, após ter sido objetivado, deixa aparecer o quanto essa ideia é apenas o resultado de uma condensação e de uma contração extremas, enquanto que, na realidade, só se trate de uma zona ao mesmo tempo mínima e máxima. Não é um gume , propriamente falando, porque ele se apresenta como decomponível em muitos microkairois, mas pode, em casos excepcionais, funcionar como tal. Nesse quadro de ideias, o kairós objetivado se aproxima mais ou menos do estado de um valor em vias de uma estabilização perpétua, sem jamais alcançá-la totalmente, visto seu estado fugidio anterior, do qual lhe é impossível liberar-se inteiramente, como se um pecado original pesasse sobre ele e o impedisse de se realizar, cumprindo-se. Ele permanece indefinidamente o espectro de um valor inacabado, defeituoso, deficiente, lacunar, insuficientemente estruturado, rudimentar, embrionário, que não saberia se prevalecer de sua capacidade de aderir plenamente, mesmo que de maneira provisória, ao universo dos valores. Tudo ao que lhe é permitido aceder, é à condição de uma aparência de valor, porque falta-lhe o vigor e a energia da irradição contínua do verdadeiro valor. Atinge, no máximo, só a capacidade de sugerir valores, especialmente os valores aos quais está ligado e que ele reflete, tais como as representações de objetos reais produzidas pelo espelho que a superfície de uma água móvel forma, segundo a expressão imagística de Plotino,[89] Constataremos com frequência, em seguida, que um *kairós* não

---

89 Cf. PLOTIN, *Enn.*, IV, 5, 7, 44; VI, 2, 22, 35; VI, 4, 10, 13.

é nem uma entidade nem um valor, mas nada além de um instrumento que permite a abordagem dos valores.

Não é preciso dizer que assim objetivado, o *kairós* não é desprovido de interesse para a consciência. Longe de repercutir só valores inteligíveis, ainda faz eco ao valor vivido da liberdade da consciência, do qual sua objetivação é o produto; e, além disso, à liberdade vivida da existência, que subentende sua formação, sua estrutura e seu traçado. O *kairós* objetivado torna-se doravante um ponto de referência, reunindo o interesse intersubjetivo de diversas consciências que, através dele, atingem um estado de comunicação mútua. Quanto à kairicidade, é por sua intervenção, e no quadro geral que ela constitui, que as consciências podem desenvolver suas respectivas disposições para conceber os méritos do *kairós*, as possibilidades às quais ele dá acesso e favorece, e, ademais, localizá-lo, surpreendê-lo, gozá-lo graças à sua fruição e, no fim das contas, proceder à sua objetivação, com todas as vantagens que daí decorrem no campo das artes, como em numerosos campos da vida intelectiva, afetiva e prática. Evidencia-se, daí em diante, que a kairicidade, tal como se situa face à consciência, desvenda possibilidades incalculáveis, que podem e devem ser prospectadas, para o maior benefício da existência e no maior respeito à lei moral. A liberdade da consciência e da existência, posta provisoriamente à prova pelo rigor exigido pela kairicidade, por ocasião da aplicação dos princípios que ela pressupõe, triunfa completamente no decorrer de seu exercício concreto.

TERCEIRA PARTE

Aspectos Axiológicos

CAPÍTULO I
KAIRICIDADE E VALOR

1. Kairicidade e desejo

A conclusão do capítulo anterior já introduz a axiologia do *kairós*, ao sublinhar que, mesmo sob seu aspecto objetivado, ele não poderia ser confundido com um valor, mas que é como que um substituto ainda verde, em constante devir, sem nunca aceder, por isso, ao estatuto autêntico de valor. Ora, o que é exatamente um valor? Respondendo a essa questão, chegaremos talvez a estabelecer, implicitamente, e através da qualificação do estatuto axiológico da kairicidade, aquele do *kairós* em geral. Após ter definido tanto o quadro quanto o método de nossa investigação, não nos esqueçamos que insistimos, em muitas ocasiões, a respeito do sentido da noção de valor. Concordaremos a respeito do fato de que um valor aparece, em princípio, como um centro de interesse, ou como um polo de atração da consciência que a ele se dirige, para aí buscar uma medida qualitativa de apreciação da importância de uma situação, na qual ela se vê engajada. Não há, todavia, dúvida alguma de que os espíritos não são unânimes a propósito da origem desse centro de interesse, desse polo de atração. Uns pretendem que os valores são eternos, independentes da consciência e que, por consequência, existem objetivamente; outros, sustentam que eles são exclusivamente subjetivos e que não são universalmente aceitáveis.

Entre esses dois grupos de atitudes, com suas divergências e seus matizes internos qualificados, respectivamente de objetivismos e de subjetivismos, optamos, o tempo inteiro, por uma solução intermediária de superação dessa oposição fundamental, concebendo uma solução que repousa sobre a ideia de *objetivação* dos valores.[90] Nos termos dessa concepção,

---

90 Cf. E. MOUTSOPOULOS, *Phénoménologie des Valeurs*, 2ª ed., Athènes, Éd. de l'Université, 1981, pp. 24-26; cf. IDEM, *L'itinéraire de L'esprit*, t. 3: *Les Valeurs*, Grigoris, pp. 35-36.

os valores nasceriam no interior da consciência (prolongamento da existência), que os projeta sobre o fundo da objetividade de onde irradiam, em direção a essa mesma consciência, sobre a qual exercem uma forte atração. Esta, por sua vez, volta-se em direção a eles e os encontra no meio do caminho. Quanto mais se aproximam, mais é intensa a atração exercida pelos valores sobre a consciência. Poder-se-ia falar, nesse caso, de um fenômeno análogo ao que, na acústica, faz com que uma fonte sonora, deslocando-se em direção a um observador que permanece imóvel, pareça emitir um som cada vez mais agudo; ou, se ela se distancia dele, um som cada vez mais grave. O mesmo fenômeno se reproduz se, inversamente, é o observador que se desloca com relação à fonte, que dessa vez permanece imóvel, ou se o observador e a fonte de deslocam simultaneamente, seja se aproximando, seja distanciando-se mutuamente. No caso da acústica, a altura do som varia em função da distância que separa os dois fatores e da velocidade de seu deslocamento. Esses parâmetros obedecem a leis rigorosas e são numericamente calculáveis,[91] enquanto que as flutuações axiológicas são de uma ordem unicamente qualitativa e somente sua intensidade poderia, no caso presente, ser mensurada. Nesse contexto, um valor nasce na consciência em forma de aspiração concreta, e encontra suas réplicas, nas outras consciências, em um nível intersubjetivo, que lhe assegura uma objetivação no quadro de uma comunicação recíproca, donde emerge a ideia geral de valor. Esse mecanismo está na origem da formação de cada um dos valores. Eles podem se diversificar entre si e se distinguir um do outro segundo o uso que é feito deles no interior de sociedades heterogêneas.[92] Em uma sociedade homogênea, gozam, no entanto, da vantagem da intersubjetividade obtida graças a uma educação uniforme das consciências.

Uma aspiração se apresenta mais frequentemente sob a forma de um desejo, de uma tendência acentuada para atingir um objetivo concreto que não se detém ainda, mas que se está a ponto de obter, sem economizar esforços e ao termo de um longo caminho. É possível que se sonhe com isso, e é então o caso do devaneio; mas a verdadeira aspiração, o verdadeiro desejo, é inevitavelmente acompanhado da vontade de chegar à obtenção do objeto desejado. No *Banquete* platônico o desejo que é *érôs, que* é considerado como uma privação que acompanha o sentimento de poder

---

91 Cf. IDEM, *Phénoménologie des Valeurs*, p. 53 e a n. 1.
92 Cf., p. ex., M. MEAD, *Sex and Temperament in Three Primitive Societies*, London, Routledge, 1935, pp. 13-14.

remediar através de um meio apropriado.⁹³ O recurso à kairicidade, fonte de expedientes, permite que uma aspiração possa se realizar. A kairicidade é, na verdade, um campo que oferece numerosas adequações para a obtenção do objetivo cobiçado, um reservatório de recursos que servem como paliativos.

A kairicidade é capaz de fornecer à consciência, enquanto aparelho indispensável ao sucesso de sua operação, uma escolha de *kairois*, dentre os quais essa opta pelo mais conveniente ao seu projeto. O *kairós* finalmente selecionado não é, certamente, o verdadeiro objetivo da operação desencadeada. Sua captura é só um primeiro passo em direção ao cumprimento da intenção, mas um passo essencial, capital, decisivo, crítico (para não esquecer a relação semântica e etimológica existente entre *krisis* e *kairós*); em suma, um passo crucial e concludente do processo encetado, cujo fim último é a reviravolta do curso normal das coisas, a inversão de uma situação e, se necessário, a reestruturação da realidade em vista da posse do objeto desejado, que representa o desafio da consciência. Assim abordado, o valor deve sua acessibilidade à mediação do *kairós*. Nunca será bastante repeti-lo: malgrado as aparências, o *kairós* não pode em caso algum ser um valor. A consciência que, por uma razão qualquer, deixa-se arrastar para tal armadilha, por ausência de perspectiva e de clarividência, perde definitivamente o verdadeiro objetivo de seu engajamento: ela se afunda em uma situação, na qual o meio é tomado como o fim a ser alcançado.

Em consequência, do ponto de vista axiológico, o papel da própria consciência sofre uma degradação, pelo fato de que ela toma uma *aparência de valor* por um valor autêntico. Ela se agarra a ele, perdendo de vista ter visado mais alto e que, por seu comportamento, rebaixa não só o nível de sua atividade, cujo brilho atenua, mas, além disso, deprecia seu próprio julgamento. Torna-se, também, vítima de seu ardor de desviar o desenrolar de sua atividade principal, quando não renuncia a isso totalmente, atraída que está pela isca de um *kairós* prometedor. Seu erro, gravíssimo, de superestimar o alcance do *kairós* deliberadamente escolhido ou fortuitamente encontrado, a ponto de fazer dele sua motivação única e exclusiva, ocasiona sua decadência: não é mais em razão de sua aspiração original que ela submete à exploração um tal *kairós*, mas, ao contrário, ela se deixa explorar pelas circunstâncias. Aliena-se, por isso de sua própria liberdade e, ademais, põe

---

93   Cf. Platão, *Banquete*, pp. 207a-208.

em perigo a liberdade da existência que ela prolonga. É esse oportunismo que é condenável. Não mais se trata de uma consciência à espreita de uma ocasião, o que, a rigor, é uma atitude lícita e aceitável, mas de uma consciência presa de uma conjectura, à qual submeteu-se indevidamente.

O erro não é, então, nesse caso, de apreciação; é moral, pois põe em causa a liberdade de que a consciência se aproveita por natureza. O estatuto da kairicidade o autoriza a ser rentável para o exercício da liberdade, inerente à consciência. Se a consciência se embaraça, a ponto de se privar dessa liberdade, trocando uma aspiração e, por isso mesmo, o valor que lhe corresponde, pelo meio de aceder a ela, a saber: o *kairós*, não é a kairicidade que se deve denunciar; ela é só o quadro, no interior do qual todo *kairós* se revela, se desenvolve e se presta incidentalmente à exploração, antes de desaparecer, seja por esgotamento, seja por não ter podido servir. Vendo bem, é a própria consciência que degenera e se deprecia: ela omite, no decorrer, tanto o valor que seria capaz de atingir, quanto o *kairós* que deveria facilitar-lhe o acesso, posto que se vê substituindo-a. É então de uma tentativa abortada, de um fracasso e, finalmente, de uma verdadeira derrota que se trata aqui, pois a consciência não tomou conhecimento disso a tempo. É preciso que reconsidere primeiro a via sem saída na qual ela se perdeu, antes que seja tarde demais (ainda um *kairós* a respeitar, mas de um caráter diferente daquele que lhe armou a cilada fatal, origem de seu infortúnio). É apenas sob essa condição que ela poderá se reasenhorear, recuperar sua liberdade, desembaraçar-se (e a qual preço!) da situação na qual se lançou, e continuar seu caminho após ter, bem ou mal, tratado de suas feridas das quais talvez jamais sare e das quais guardará as cicatrizes ainda por muito tempo, no melhor dos casos.

Por esse reerguimento vigoroso, a consciência recupera liberdade e autonomia face ao perigo incorrido, e restitui a função normal ao *kairós*, momentaneamente erigido por engano como valor. Restaurada, a liberdade da consciência continua, desde então, a assumir os "estigmas" de sua imprudência, garante a retidão de seu comportamento futuro que, em seguida a essa experiência malfadada, e a outras registradas em diversos campos,[94] não se arriscará mais, a não ser dificilmente, a substituir um *kairós* atraente pelo objeto de seu desejo. Para dar os nomes às coisas, ela não mais sucumbirá à tentação do oportunismo e se servirá, segundo as

---

94 Cf., p. ex., *Supra*, pp. 45-58; 101-107.

regras, das oportunidades que lhe serão apresentadas no quadro da kairicidade que, por sua vez, longe de ser um valor, forma um campo no interior do qual nascem todos os *kairois*, de que cada um, justamente assinalado e tratado oportunamente, antes de ser explorado a fundo e de maneira apropriada, é capaz de conduzir diretamente ao valor visado. O engano estaria, nesse caso, eventualmente sujeito à repetição: recidiva quiçá improvável, visto o preço pago pela consciência por ter sido privada, mesmo que provisoriamente, de sua liberdade – que é seu apanágio precioso e essencial. Uma vez reconquistada essa liberdade, a continuidade entre existência, consciência, desejo ou aspiração, kairicidade e valor é, então, reestabelecida e restituída a autenticidade axiológica da existência.

2. Kairicidade e imaginação

Não se pode haver recurso a qualquer *kairós* que seja, sem recurso à sua representação mais ou menos concreta, representação que se situa, primeiro, ao nível da racionalidade, sugerido pelo campo distinto onde o *kairós* deve ser buscado, e depois, ao nível da imaginação, que determina a forma aproximativa que ele deve revestir, em função do valor ao qual a consciência aspira. As outras faculdades intelectivas concorrem nesse processo, mas as que foram citadas primeiramente, representam, sem dúvida alguma, o papel preponderante. Os sentimentos também entram em ação, seguramente, mas só para especificar a tonalidade emocional do valor pretendido e o aspecto adequado que deve revestir o *kairós* único que servirá de guia. Racionalidade e imaginação aliam suas atividades ao entusiasmo dos sentimentos para fazer nascer o devaneio, depois o sonho, que correm o risco, certamente, de serem ilusões ou simples ficções, mas que, corretamente aproveitados, podem representar valores autênticos. Sonho, devaneio, desejo, aspiração, intenção, são apenas níveis e graus onde o valor é colocado pela consciência que tenta se aproximar dele, para finalmente atingi-lo e se unir a ele.

Constatamos a qual ponto o valor, após ter sido objetivado, exerce uma irradiação sobre a consciência, e o quanto essa se apressa para juntar-se a ele e se enriquecer. Ora, para chegar a isso ela necessita da mediação de um *kairós* que lhe é fornecido pela kairicidade, esse meio, esse campo, esse quadro, ou esse campo de ação no interior do qual aparecem, e depois são promovidas, as ocasiões favoráveis pelas quais a consciência aborda e apreende com sucesso o que busca, no caso um valor determinado. O *kairós* é então focalizado sob um ângulo diferente, isto é, enquanto meio de reestruturação da realidade, sugerida pela intencionalidade da consciência. É suposto que vá servir à apreensão correta do valor ao qual a consciência aspira, além de evitar qualquer erro de apreciação no procedimento dela. A busca do *kairós* é uma atividade cujo fracasso, como vimos, pode trazer decepções. A busca do valor é uma atividade cujo insucesso pode ter consequências dramáticas. No decorrer desse passo, o papel da imaginação se revela primordial: ele se situa bem além do ponto onde Bachelard o colocou, a saber: bem além da região explorada pela psicanálise e dizendo respeito, alternadamente, a cada um dos quatro elementos tradicionais, considerados por Empédocles.[95]

Com efeito, Bachelard associou a ideia de cada um dos elementos à uma função particular da imaginação, considerada com relação à atividade do subconsciente coletivo, que põe em jogo diversas ficções,[96] produtos da imaginatividade criativa.[97] A "imaginatividade" se define como a aptidão e como o poder do espírito de se dirigir à faculdade da imaginação para dela solicitar a sugestão de um dado imaginário, sob uma forma que remeta, seja ao campo das estruturas viscerais, seja ao campo do sensível, e isso diretamente ou por intermédio da memória de uma figura estética a ser realizada, que pode ser um dado inteligível, em princípio privado de forma manifesta, tal como a ideia ou o valor. O valor não fixa uma forma sensível precisa, própria, admitindo, em contrapartida, uma representação intelectiva e emocional enquanto conceito e vivido ao mesmo tempo.

A dupla natureza do valor assegura-lhe uma dupla condição: a de uma evidência e a de uma intenção tingida de emotividade. O lado que

---

95 Cf. E. Moutsopoulos, "Le modèle empédocléen de pureté élémentaire et ses fonctions", *La Cultura Filosofia della Magna Grecia*, Messenia, Edizioni G.B.M., 1989, pp. 119-125, e *Giornale di Metafisica*, 21, 1999, pp. 125-130. É impensável adotar a opinião de certo "filósofo" grego, desaparecido prematuramente, segundo o qual (por razões manifestamente de "simetria") o termo ἄπειρον de Anaximandro seria a forma dórica de ἤπειρος, "terra firme". Os alunos do primário, na Grécia, sabiam ainda há pouco que todo α - privativo é breve.
96 Cf. G. Bachelard, *La Psychanalyse du Feu*, Paris, Gallimard, 1938; *L'eau et les rêves. Essai sur l'imagination de la matière*, Paris, Corti, 1942; *L'air et les songes. Essai sur l'imagination du mouvement*, Paris, Corti, 1943; *La terre et les rêveries de la volonté. Essai sur l'imagination des forces*, Paris, Corti, 1948; *La terre et les rêveries du repos. Essai sur les Images de L'Intimité*, Paris, Corti, 1948; *La Poétique de la Rêverie*, Paris, P.U.F., 1961.
97 Sobre nossa concepção da noção de "imaginatividade", cf. nosso trabalho sobre *Les Structures de L'Imaginaire dans la Philosophie de Proclus*, 2ª ed., Paris, L'Harmattan, 2006, pp. 243-253.

faz apelo à evidência determina sua inteligibilidade; o que atesta a sensibilidade que ele provoca, compromete o desejo, ou a necessidade daquilo que representa. Daí a aspiração que a consciência experimenta a seu respeito, antes mesmo de fixar sua atenção sobre ele; daí também, a objetivação da qual se aproveita e que reforça sua intensidade e sua precisão. Retido no nível do inconsciente, guarda seu caráter difuso e obscuro; uma vez objetivado, ganha nitidez e clareza, ademais, adquire os estatutos de brilho e de veemência de um objetivo determinado, para o qual a existência inteira se dirige. Transforma-se em objeto tanto de discernimento como de apetência, e invade, sob uma forma enobrecida, a existência de que ela originalmente emanou, sob uma aparência tenebrosa. A imaginação intervém, ainda aqui, para canalizar o valor de duas maneiras: antes de sua objetivação, para lhe conceder, enquanto aspiração, só uma aparência de forma; e em seguida, uma forma que o torne atraente, envolvente, em suma: desejável, tanto mais que, tendo mudado de estado, exerce doravante sua sedução ao mesmo tempo sob o aspecto de esplendor e de atração.

Após ter disposto seu poder no nível da transmutação do valor, a imaginação dispõe dele, doravante, com o objetivo de contribuir para indicar à consciência a maneira mais judiciosa de se aproximar dele e apreendê-lo à maneira do *kairós*. Porém, diferentemente do *kairós* que se subtrai sem cessar, o valor se oferece à consciência por sua irradiação, atraindo-se para ele. Entretanto, e apesar dessa divergência essencial, a imaginação trabalha para precisar o instante e o lugar mais apropriados para a abordagem do valor. Tendo em conta que se trata de uma abordagem fortemente tingida de emotividade, essa precisão é util, até necessária, porque evita para a consciência um bom número de eventuais erros, por ocasião do processo de acesso ao seu objetivo. Também a imaginação que escrutina o horizonte que a kairicidade lhe oferece está em condições de revelar as possibilidades de ação que a consciência, privada de sua assistência, no impulso em direção ao valor, não teria suspeitado. O trabalho da imaginação visa descobrir os vieses ou ainda *o* viés por excelência, pelo qual o valor será abordado. Não se trata certamente de uma *peteia*, no sentido em que esse termo foi utilizado anteriormente,[98] visto que esta só funciona sob o signo da racionalidade. Pelo contrário, à busca empreendida e levada a

---

98   Cf. *Supra*, pp. 24–29.

termo sob o signo da imaginação falta talvez exatidão, mas essa carência é largamente compensada pela inventividade própria a essa faculdade.

No decurso da fase da *peteia*, a consciência procede por análise de dados; mais precisamente, por eliminações sucessivas de eventualidades inicialmente retidas. A imaginação, por sua vez, procede por síntese, ilustrando as eventualidades mais marcantes e mais propícias ao sucesso da abordagem e do gozo daquilo que o valor encerra de mais precioso. Nisso, a "imaginatividade" anuncia uma dupla vocação por ocasião do evidenciar instâncias a partir das quais a razão erige o sistema de valores, em função do qual ela se situa: por um lado, dá garantias da importância e da validade dessas instâncias, assegurando-lhes um manejo correto; por outro, cuida da coerência das indicações káiricas fornecidas, que devem corresponder à coerência do sistema de valores considerado. A imaginaçãorepresenta doravante um papel de protagonista, paralelo ao do complexo de faculdades que formam a razão, o entendimento e o julgamento, numa palavra: a inteligência, e ao da afetividade, que não deixa de ter ligação com a lei moral, expressa em grande parte pelo sistema de valores em vigor numa sociedade considerada. Lei moral e valores são aspectos distintos de uma única e mesma realidade, sobretudo se retivermos que, como a lei moral, os valores também nascem no interior da consciência. A lei moral e os valores se diferenciam posto que a primeira se pretende única e universal, enquanto que os outros, embora constituídos como sistema organizado, anunciam uma hierarquização variável segundo o caráter distintivo da intersubjetividade de uma dada sociedade.

Sem dúvida alguma, a variabilidade do modo de hierarquização dos valores não é considerável. Reflete as variações registradas junto a consciências individuais, e denota uma organização livre, que não é incompatível com uma concepção axiológica liberal. Nessas condições, a imaginação ao solicitar da kairicidade indicações concretas para apreciar e depois abordar corretamente o universo dos valores e, mais explicitamente, um valor determinado, age, no conjunto de maneira global e deixa aparecer seu caráter liberal, que não deixa de ter ligação com o caráter liberal do próprio sistema de valores e com o estatuto de liberdade que qualifica o fundamento da existência. Essa liberdade da imaginação não evoca, de modo algum, o que se chama de imaginação "errante", privada de qualquer coerência desfalecida e impotente de se organizar ao menos um pouco.

Muito pelo contrário, a imaginação "sadia" colabora com as faculdades intelectivas, graças às suas aptidões de organização. São, aliás, essas aptidões que a autorizam a dialogar com a kairicidade da qual procura obter a colaboração: ela se torna forte para indicar os *kairois* contidos em seu seio e que se aparentam melhor à existência, para facilitar-lhe o acesso ao valor.

A precisão requisitada para esse efeito não é incompatível com a liberdade que caracteriza a natureza da existência como a da consciência. A título disso, a imaginação figura, em suas relações com a kairicidade, ao mesmo tempo como organizadora e como expressão do estatuto de liberdade da consciência. A kairicidade figura como dispensadora de modalidades idôneas para reunir os valores. Quanto aos *kairois*, não poderiam ser valores em si: primeiro, seus antecedentes genéticos não são comparáveis aos dos valores, pois se localizam, em princípio, fora da consciência; em seguida, sua natureza é tal que tentam se subtrair de toda tentativa de captura; enfim, põem-se como quase entidades passageiras que, deixando traços de sua atividade transitória,[99] são decididamente fugidias, e sua presença só pode ser precária. Em contrapartida, os valores se afirmam como estados objetivados que se oferecem à consciência para se impor duravelmente. A imaginação concorre para criar, conjuntamente com outras faculdades do espírito e em colaboração com a afetividade, relações privilegiadas com a kairicidade que, desde então, dobra-se às suas requisições mais que aos de qualquer outra manifestação do engenho humano.[100]

3. Kairicidade e proveito

É o homem um ser aproveitador?[101] Para responder a essa questão seria preciso definir, previamente, o que se entende por proveito. O termo remete, em latim, ao particípio *profectus*, que, em geral, significa derivado,

---

99 Cf. *supra*, pp. 95-101.
100 O sentido no qual a atividade da consciência é suscetível de se exercer, no nível da memória e da associação de ideiaeias, respectivamente, admite uma inversão "simétrica" completa, manifesta sob forma de retrogradação a partir de uma experiência vivida. Dois casos contrários, dentre outros, devem ser considerados, ilustrados um por PLATÃO, *Fedro*, 247ª-248, relativo à reminiscência de ideias kairicamente detectadas por um processo dialético; outro por Marcel PROUST, *Em busca do tempo perdido*, introduzindo uma experiência inicialmente fortuita (episódio da "Madeleine"), mas ambos resumindo-se na sobrevivência e evocação, pela consciência, de instantes únicos e excepcionais que, por essa razão, marcam-na e a enriquecem profundamente.
101 Cf. *supra*, p. 27, n. 8.

produto de um bem, donde benefício, vantagem, fruto, produto, receita, colheita, rentabilidade, renda, interesse, utilidade, ganho, e se aplica ainda a inúmeras outras ideias. O verbo que geralmente acompanha esse termo é *obter*. Ele indica uma certa atividade da pessoa implicada; uma atividade, senão de provocação do produto em causa, ao menos de sua utilização benéfica. Sendo assim, qualificar-se-á de proveito o resultado de uma ação que traz resultados àquele que a empreende. É evidente que é de bom conselho que a consciência siga uma via cujo fim será proveitoso para a existência. O contrário seria a má escolha. «De tanto buscar no tempo, os homens acabam por encontrar aquilo que mais lhes convêm».[102] Esse adágio de Xenófanes poderia servir como definição genérica à noção de progresso que, no conjunto, equivale a um proveito e a um ganho para a humanidade.

A kairicidade é, relembremo-lo, um reservatório de *kairois*, no qual a consciência escolhe livremente e extrai à vontade dados káiricos, que espera lhe serem úteis em suas relações com a realidade que ela tenta remodelar, modificando o curso previsto dos acontecimentos, não somente para lhes evitar um resultado desfavorável, mas também para fazer um uso frutífero. A qualificação de aproveitador atribuída ao ser humano não pode, nessas circunstâncias, ser percebida com qualquer conotação prejudicial. Refere-se ao interesse da consciência e da entidade humana consideradas em si e independentemente de todo contexto social. Mesmo em tal contexto, esta qualificação permanece positiva, enquanto concerne a comportamentos vantajosos para a sociedade, ou para a humanidade inteira. Pode-se, então, divulgar atos de beneficência que merecem a admiração e o respeito, não somente das pessoas, mas também da história, enquanto processo de realização da humanidade.

É forçoso constatar que as coisas parecem diferentes, quando o proveito é tirado para si mesmo, em detrimento do dos outros. O qualificativo de "aproveitador" adquire então um sentido pejorativo. É, pois, ao destinatário do proveito e de acordo com as condições em que realiza, que julgamos sua especificidade, sua importância, pseu calibre e mesmo seu *valor*, no sentido em que se trata de apreciar um ato eminente e com consequência. Em contrapartida, todo ato cumprido com propósito de servir a objetivos fúteis, só merece desprezo e condenação. É compreensível e seria inútil insistir nisso. Entretanto, todo ato proveitoso se cumpre segundo

---

102 Xenófanes, fr. B 18,2 (D.-K.[16], I, 133, 14).

critérios extremamente difíceis de apreciar. Primeiro, a intenção não é nitidamente discernível. Em seguida, e é o caso mais frequente, a intenção é de natureza mitigada. Enfim, pode se tratar de um ato errôneo e abortado que, longe de ser uma vil busca de proveito pessoal, revela-se inteiramente outro; e *vice-versa*, quando a mais pura intenção degenera, pela força das coisas e conforme as aparências, em ato cuja intenção inicial poderia ser repreensível. Estamos em presença de acasos, possíveis segundo a *proairésis* aristotélica[103] e estóica,[104] mas também segundo a *Willkur* kantiana, que é a forma sob a qual se apresenta o livre arbítrio.[105] Não é, pois, "aproveitador", no senso estrito da palavra, toda pessoa que tenha essa aparência. De qualquer modo, ato algum é ditado sem que a consciência não projete beneficiar-se dele, mesmo que por abnegação ou sacrifício pelos outros. Assinalaremos alguns casos; raros, é verdade. Os mais anódinos têm como alvo objetivos de ordem corrente e perspectivas importantes de bem-estar. Os casos notórios podem servir a título de exemplo. São guardados e transmitidos pela história por serem, cada vez, únicos e excepcionais. Eles denotam situações limite isoladas, inclassificáveis.

A kairicidade é um campo no qual a consciência se esforça para descobrir instantes ou locais a serem utilizados com conhecimento de causa, o que não significa que o homem se põe como aproveitador desprezível. Buscar melhores condições de vida e saber gozá-las é seu direito e mesmo seu dever, sob condição de não lesar os outros. É ainda preciso que esses reconheçam que seu sucesso não será comprometedor e não trará consequências desvantajosas para eles; pois, geralmente, o sucesso do outro causa prejuízo. As histórias de pusilanimidade, onde uns têm ciúmes do progresso dos outros, todavia merecido, abundam e seria muito injusto taxar de aproveitador qualquer um que tenha sido recompensado por seus esforços. Ao contrário, sua satisfação deveria, por mais de um motivo, ser partilhada por todos. Quanto aos atos de ordem manifestamente "kairoscópica", e que prejudicam os legítimos desejos dos cidadãos leais, deveriam ser severamente criticados, conforme os mandamentos da lei moral. É ela que impõe as regras principais, segundo as quais a vida em

---

103 Cf. p. ex., Arist., *Ét. a Nicom.*, Γ 4, 1112ª 17; Γ 5, 1113ª 10; *Ét. a Eud.*, B 10, 1226ᵇ 7; *Metaf.*, Δ 2, 1013ª 21. Cf. *infra*, p. 157 e a n. 19.
104 Cf. Arist., sobretudo *Ét. a Nicom.*, Γ 4, 1112ª 17-b 7, 1116ª 14. Cf. *SVF*, I, 52, 35; II, 281, 3; III, 41, 32.
105 Cf. R. Theis, "L'imperatif catégorique: des énoncés à l'énonciation", *Diotima*, 35, 2007, pp. 176-188, especialmente p. 179.

comum dos cidadãos é possível, e é segundo os princípios inatos de que ela é detentora que a legislação, assim como a jurisprudência, regularizam o comportamento das pessoas e das sociedades. É, pois, ela que fornece critérios válidos, de acordo com os quais a conduta de cada um é julgada, aprovada ou desaprovada. A busca e a exploração do *kairós* são, em suma, legítimas enquanto não constituam um ultraje a outrem. Procedem da liberdade, que é o fundamento da existência e que, com a lei moral, divide seu domínio.

O *kairós* é ao mesmo tempo uma invenção e uma descoberta: é invenção quando responde à necessidade de realizar um propósito; e é descoberta quando desdobra a riqueza de seus aspectos, a quem quer interrogá-lo oportunamente. A inventividade da inteligência faz dele uma revelação, enquanto que a aptidão para dele tirar partido faz dele uma criação. Ele se põe a serviço da consciência que, quanto mais o solicita, mais o submete a uma pressão intensa, para dele extrair os segredos que melhoram seu próprio rendimento e, a justo título, aumentarão seu proveito; um proveito que pode e deve ser partilhado com todos. Será feita aqui referência aos grandes benfeitores da humanidade: inventores, homens de ação, artistas criadores, em suma: a todos aqueles que, não contentes com suas proezas, puseram seus resultados à disposição de seus contemporâneos, como das gerações ulteriores e fizeram, desse modo, de um *kairós* particular, mas essencial, uma reviravolta da história, um eixo em torno do qual gira a epopeia humana, uma etapa crucial da evolução social. Nessas condições o *kairós* se torna um dado capaz de trazer para cada um a satisfação que merece, uma satisfação de abas múltiplas, adaptadas às necessidades individuais e disponíveis a todas as exigências, contanto que as regras prescritas pela lei moral sejam unanimemente respeitadas.[106]

Qualquer pessoa tem direito de solicitar um *kairós* e dele se beneficiar, mas a qual *kairós* terá ela de se haver preferencialmente e como se comportará para obter os melhores resultados? Não é suficiente inventar ou descobrir um *kairós* qualquer; é, além disso, necessário que ele se adapte a uma situação dada e que seja abordado corretamente, para melhor trazer seus frutos a quem o persegue. Manifestamente, quanto mais a intenção desse último é pura e não censurável, mais a exploração do *kairós* se

---

106 Sur la " dialectiquede la loi morale", cf. E. MOUTSOPOULOS, *L'Univers des Valeurs, Univers de L'Homme*, Athènes, Académie d'Athènes, 2005, pp. 349-352.

revelará lícita; sua fruição, proveitosa a todos; e a justificação de sua busca, evidente. A dificuldade da escolha do *kairós* provém de que o conhecimento do campo de investigação, no interior do qual ele pode ser observado e explorado, permanece incompleto. É com essa esperança que nos referiremos, com Gaston Bachelard, a um conhecimento incessantemente *aproximado*.[107] Ora, o perigo de errar está presente a todo instante e é judicioso permanecer vigilante. Evidentemente, o que conta em primeiro e em último lugar, é a pureza do projeto e o fim perseguido. Ninguém age conscientemente em seu próprio detrimento, como ninguém age em detrimento do outro sem faltar com sua honra e sua reputação. Sócrates deu uma excelente lição a esse respeito,[108] nisso seguido pelos Estóicos,[109] mas dementido por Nietzsche[110] e sobretudo por Sartre, em exposições bem longas.[111] São essas as controvérsias e os casos de oposição extremos que o sentimento se recusa a seguir e aos quais o kantismo soube responder do modo mais moderado, mas também mais categórico, associando o respeito à lei moral ao respeito da liberdade. Manteremos esse duplo respeito, levando em conta as incidências que ele pode ter sobre a problemática da kairicidade, que se situa no centro da visão da consciência. Ela aí domina a direção das atividades e qualifica suas relações com a realidade, que submete à vontade no interesse da existência. Que esse interesse seja chamado de vantagem, benefício, enriquecimento ou proveito, pouco importa; é suficiente que ele não prejudique ninguém e tanto melhor se for igualmente benéfico a todos. Para mencionar a proposição (de matiz fortemente pragmatista antes do tempo) de Demóstenes, é segundo o resultado de uma empreitada que tudo o que a precede pode ser julgado.[112] Todavia, a opção káirica só será justificável em razão da boa fé que testemunha a intencionalidade que ela exprime.

---

107 Cf. G. Bachelard, *Essai sur la Connaissance Approchée*, Paris, Vrin, 1928, pp. 17-18.
108 Cf., p. ex., Platão, *Apologia*, 19b; 24b; 26c; 37b; *Górg.*, 473a.
109 Cf., p. ex., *SVF*, III, p. 71, pp. 12-20; 136, 22; 152, 30-39.
110 Cf., p. ex., F. Nietzsche, *La généalogie de la Morale* (1887), éd. Kroener, t. VII; trad. fr. por H. Albert, Paris, Mercure de France, 1964, pp. 17-18.
111 Cf. J. - P. Sartre, *L'être et le Néant*, pp. 447-448.
112 Demóst., *Olynth*, I, 11, 17: πρὸς γὰρ τὸ τελευταῖον ἐκβὰν ἕκαστον τῶν πρὶν ὑπαρξάντων κρίνεται [Diante de cada término surgido, julgar o que antes foi iniciado].

CAPÍTULO II
KAIRICIDADE E MORALIDADE

1. Kairicidade e vontade

Voltemos ao problema da natureza da kairicidade. Em nossa investigação anterior, chegamos a admitir que a kairicidade é o quadro no qual todo *kairós* pode ser buscado e explorado pela consciência em seu favor e em favor da existência, bem como em favor das outras existências, se isso for útil. A kairicidade revela-se, então, como um campo de investigação homólogo à temporalidade, embora radicalmente diferente.[113] Com efeito, a temporalidade é um dado convencional, teórico e hipotético, onde os acontecimentos se desenrolam, usualmente, de modo indiferente para a consciência. Em contrapartida, a kairicidade está ligada à realidade pelo fato de que ela contém os *kairois* suscetíveis de contribuir para modificá-la, reestruturando-a sob o efeito da intervenção da consciência. Enquanto a temporalidade é uma simples ficção, inventada para explicar o escoamento da duração, e que deixa a consciência impassível, a kairicidade chama imperativamente seu engajamento, pois está ligada à ação. Representa, por consequência, uma espécie de "temporalidade" não mais fictícia, que só concerne à inteligência, mas profundamente humanizada, posto que faz apelo não só à consciência, mas à existência inteira, através da trama de sua atividade.

Se a consciência é impelida à ação, o é tão somente pela vontade. O ato voluntário é instintivo. Ora, prolongando o instinto, a vontade é o efeito de uma reflexão que responde a um estímulo exterior, conjuntamente com um impulso interno. O ato refletido cumpre-se em muitas etapas que se sucedem sem interrupção e das quais uma das mais importantes é a da deliberação que precede a da decisão. Essa última marca a passagem

---

113 Sobre a diferença entre tempo dito convencional (t) e tempo dito "real" (χ), cf. *supra*, p. 18 e a n. 2.

da potencialidade à atualidade; da virtualidade à eficácia.[114] É aqui que a consciência intervém para solicitar a kairicidade, sob o aspecto da vontade. As diferentes fases da investigação intelectual da kairicidade e da exploração petéica do *kairós*, sobre o qual a escolha da consciência recai, são apenas extensões da atividade da vontade e obedecem à sua determinação e à maneira em que é ditada. Até a imaginação se dedica a intervir do melhor modo para responder, através das formas de que ela investirá o *kairós* escolhido, às normas impostas pela vontade a esse gênero de escolha.[115] A vontade representa, pois, um papel primordial tanto na detecção do *kairós*, como em sua utilização com uma finalidade definida e preside, ademais, à sua exploração exaustiva. É ela ainda que define o campo de ação da consciência, a orientação de sua atividade, e fixa as prioridades consecutivas de suas reações; dramatiza seu comportamento para permitir-lhe um melhor rendimento e assim assegurar-lhe o consentimento da razão. Contribui, desse modo, à aliança e à sinergia de todas as faculdades do espírito, ao coordenar-lhes a eficácia, em vista de chegar a uma exploração máxima do *kairós* designado e selecionado. Estando o conjunto das faculdades associado para esse efeito, é pouco provável que uma empreitada tão bem esboçada seja votada a um fracasso, porque a vontade vela, à toda prova, pela manutenção de sua coesão e de sua estreita colaboração.

São raros, então, os casos de decepção que sobrevêm no decorrer de uma operação dessa espécie, ainda que ela tenha envergadura. A partir do objetivo da consciência impedida de agir, a vontade age pronta e firmemente na direção inicial da ação, evitando ambiguidades e hesitações, sem perder de vista os ajustes e as adaptações no momento, indispensáveis para melhorar o desempenho. É, pois, a vontade que assegura a sequência da atividade káirica da consciência e é igualmente ela que vela permanentemente para a manutenção do objetivo original. Numa estapa determinada, a busca do *kairós* pode se mostrar ineficaz e uma mudança de rota torna-se certamente inevitável. Porém, ainda aqui a vontade garante a continuidade da empreitada, guardando inalterada sua perspectiva. A rigor, qualquer desvio pode ser empregado para melhor alcançar o objetivo; em compensação, a orientação geral do processo permanece, em princípio, estável. A vontade se agarra então, até o último

---

114   Cf. *supra*, p. 38 e a n. 3.
115   Cf. *supra*, pp. 24–29; 12 b e a n. 9.

momento, à primeira opção, para evitar que a consciência cometa um erro passageiro e às vezes fatal.

Nesse contexto, a vontade representa, sem dúvida alguma, o papel de um promotor que, por sua insistência, preserva a consciência das peregrinações para as quais a instabilidade relativa da imaginação pode arrastá-la. Entretanto, a instabilidade da imaginação é tão somente aparente; de fato, trata-se somente de agilidade, lepidez, prontidão, vivacidade, rapidez, reação e flexibilidade, que contrabalançam a gravidade e a rigidez da vontade.Vendo bem, a imaginação não se comporta levianamente; além de impor estruturas que lhe são próprias, ela recorre igualmente a estruturas viscerais às quais adapta os dados da experiência. Ademais, também coordena o jogo das faculdades para sustentar a constância dos enfoques da vontade. Ela contribui, pois, para manter um equilíbrio no interior da consciência; equilíbrio que se exterioriza através de um comportamento que, longe de ser esclerosado, facilita a adaptação da consciência às mudanças que sobrevêm no seio da realidade e nos acasos que a existência deve enfrentar. Na realidade, a imaginação completa o trabalho da vontade, aliviando-lhe as tarefas e abrindo-lhe a via eventual que ela deverá seguir no momento oportuno. É pouco provável que imaginação e vontade entrem em conflito. E se tal conflito porventura se esboçasse, a imaginação se apressaria em afastá-lo.

Não esqueçamos de que a imaginação não é a única a colaborar com a vontade, porque, no quadro da kairicidade, a associação das ideias e a memória, por exemplo, nela encontram um campo de ação privilegiado. Cada uma participa, à sua maneira, ao enriquecimento do conteúdo da consciência, e sua contribuição é tão preciosa que reforça a da vontade, sem mesmo tentar rivalizar com ela. É então que a consciência se orienta para a ativação das múltiplas ofertas da kairicidade que, por essa razão, presta-se por sua vez a figurar como um quase valor, com sua sequência de potencialidades que admitem, cada uma, uma atualização específica. Sob a égide da vontade e pelo exercício da *peteia*, a razão procede ao isolamento, em consequência ao exame, e depois à designação e à escolha do *kairós* mais conveniente à situação em curso de formação. Esse *kairós* permite a evolução da situação no sentido desejado e já entrevisto e cuidado pela intencionalidade da consciência. A vontade, como vimos, assegura a manutenção inalterável da orientação primeira da consciência até o momento em que, após numerosas tentativas abortadas, essa orientação se torna definitivamente impraticável. A imaginação intervém de novo para escrutinar o horizonte das possibilidades e determinar, sempre mediante a *peteia*, novos *kairois*, suscetíveis de substituir o *kairós* do qual a *conscience* teve de renunciar. Nesse jogo onde a vontade é assistida por outras faculdades, é a consciência que, em seu conjunto, está implicada e é igualmente em seu conjunto que ela se engaja para ganhar uma aposta que julga vital para si, ao exprimir a liberdade de agir da existência e garantir sua a prática.

Para Jean Pucelle, a liberdade se manifesta no seio, não da kairicidade, mas da temporalidade. À maneira de todos os filósofos, entrevê a possibilidade de uma kairicidade, mas não ousa chamá-la por seu nome. Tenta, no entanto, tocar sua significação: «É... no sentido de uma estruturação do tempo como expressão da liberdade que nossas pesquisas se engajaram; somente, o que não podíamos então prever, essas estruturas atemporais, de uma prodigiosa complexidade, apresentam-se a nós como uma réplica de esquemas lógicos, dos quais elas não derivam, mas aos quais se encadeiam. De uns aos outros a passagem é feita facilmente: esquemas como a ordem, o ritmo, ou o encontro, sendo em si mesmos ainda bastante lógicos, inserem-se muito bem na trama do tempo, inteiramente disposta a recebê-los».[116] A esse enunciado só falta o termo kairicidade para que sua correspondência com as teses aqui sustentadas seja efetiva. Mas isso não é importante. Pucelle distingue, no entanto, alguns desses esquemas, especialmente cinco: a *ordem* ou a «disposição dos termos em uma série»; o *acento* ou *ritmo*, «valor intensivo»; a *vecção*, «direção de uma linha orientada»; a *coincidência*, «encontro de séries» (que ele chama propriamente de *eukairia*); e o *contraponto*, «superposição de séries».[117] Esse vocabulário é visivelmente emprestado do léxico musical, e com razão: trata-se de estruturação; mais exatamente, de estruturação do tempo. Ora, o essencial resulta da diferença entre esse ponto de vista e o exposto ao longo dessas páginas: de um lado, no nível não de uma estruturação do tempo, mas de uma reestruturação da realidade; do outro, no nível de um *kairós* cada vez único e em princípio não submetido à repetição, em cujo caso nos encontramos alternadamente face a uma ordem perturbada. Trata-se não de um

---

116 J. PUCELLE, *Études sua la Valeur. Le Contrepoint du Temps. Méthodologie de la Liberté*, Louvain-Paris, Neuwelaerts, 1967, p. 108.
117 Cf. *ibid*.

ritmo invertido, mas antes inexistente; de séries com traços de tentativas repetidas, mas independentes umas das outras; e, finalmente, de superposições de séries impossíveis de serem visualizadas, pelo fato de que devem ser excluídas. Dos esquemas enumerados só poderíamos reter, por consequência, o da vecção, que se liga à concepção da orientação fixa das buscas reajustadas do *kairós*, consolidadas pela firmeza anunciada da vontade.

Em compensação, outros esquemas acusam uma aplicabilidade maior no nível da kairicidade. São os esquemas tais como a *alternativa*, que concerne a uma escolha entre duas potencialidades equivalentes; a *preferência* entre duas ou várias opções; o *acúmulo* de dois ou mais dados que convêm utilizar com um objetivo preciso; a *rejeição*, que se aplica a um *kairós* conjetural que se mostra decepcionante; e a *alternância*, aspecto efetivo da alternativa, que envolve uma escolha na oscilação.[118] A esse grupo de esquemas relativos à relação liberdade-kairicidade, a vontade confere uma consequência inegável.[119] É ela, precisamente, que assegura a unidade do comportamento da consciência face ao risco káirico. É ela, ainda, que concorre para isso, de tal sorte que a consciência atesta um rigor em seus engajamentos, em suas buscas e na escolha e utilização dos meios para alcançar seu objetivo. Privada dessa contribuição, a consciência correria o risco de ficar desorientada e sua intencionalidade se tornaria caduca. Enfim, assistida pela imaginação e pelas outras faculdades, a vontade se põe como tarefa promover e confirmar os direitos da liberdade da existência, face à realidade objetiva que ela confronta e dobra à sua guisa, nos limites da razão e da lei moral, solicitando a kairicidade para aperfeiçoar sua condição no devir universal.

2. Kairicidade e lei moral

Não poderíamos omitir a referência, desde Kant, à noção de lei moral, posta em relação com a noção de liberdade. Se a liberdade permanece o fundamento da existência, a lei moral é o que a sustenta. Ela é como que inata na consciência que guia segundo modalidades próprias à sua natureza e que a consciência não pode deixar de lado. É universal na

---
118 Cf. *ibid.*, p. 98.
119 Cf. E. Moutsopoulos, "Volonté et intentionnalité", in Idem, *Questionnements Philosophiques*, t. 1, *Conscience et Création*, Atenas, Éd. de l'Université, 1971, pp. 249-253.

medida em que domina toda intersubjetividade, resultado de uma convergência, só parcial, do ponto de vista temático, de cada consciência. Daí decorre a universalidade da aplicação do imperativo categórico,[120] regra geral do comportamento moral de toda consciência individual. Esse comportamento pode variar segundo as circunstâncias, mas a universalidade do imperativo categórico permanece constante e inalterável. Ademais, ela sustenta seu caráter obrigatório e o faz a toda prova. Em todo caso, supõe a existência de um bem de que ela precisa, a cada vez, a forma mais conveniente a realizar, no contexto das circunstâncias particulares nas quais ela intervém. Para dizer a verdade, esse bem supremo, esse *summum bonum*, não possui forma absoluta, mas diversas formas relativas, e é só a obrigação de revelar e realizar, segundo o caso, cada uma dentre elas que se confirma absoluta, visto que a universalidade da validade de um comportamento preciso é exigida somente mais tarde. É por isso que a lei moral, tal como vista por Kant, não somente na segunda crítica, mas ainda em seus outros trabalhos pós-críticos,[121] guarda um caráter normativo, válido em qualquer circunstância. E é, além disso, esse o caráter que ela conserva na filosofia do ecletismo e em suas ramificações através do mundo, pois o ecletismo se nutre em parte da moral kantiana.[122] É, pois, manifesto que o caráter normativo do imperativo categórico repousa sobre a lei moral que, por sua vez, repousa sobre o caráter universal da razão.

Existe uma relação dialética entre lei moral e liberdade, a primeira representando o papel de instrumento de conduta, de um leme; a outra tendendo para a realização ótimizada de sua finalidade, que é a de alcançar o bem supremo e, em consequência, um estado durável de felicidade. Essa relação dialética se exprime sob a forma de restrição da natureza absoluta da liberdade, nos limites do lícito e do consentido, tanto do ponto de vista moral quanto do ponto de vista racional, levando em conta o fato de que a lei moral é ela própria interdependente das leis da

---

120 Cf. I. KANT, *Crítica da Razão Prática*, § 7.
121 Cf., p. ex., E. MARTY, "Les catégories de la liberté: droit et morale", *Diotima*, 26, 1998, pp. 141-151; cf. H. d'AVIAU DE TERNAY, "La relation: culture et droit dans la troisième Critique", *ibid.*, pp. 42-51; D. LANG, "Justice et bonheur dans la doctrine kantienne du souverain Bien", *ibid.*, pp. 82-91. E. MOUTSOPOULOS, "Métaphysique des mœurs et éthique kantienne", *Droit et vertu chez Kant*, Athènes, UCFH-Paris, Vrin, 1997, pp. 1-2.
122 Cf., p. ex., P. BRAÏLAS-ARMÉNIS, "Traités de l'âme, de Dieu et de la loi morale (1879)", in *Œuvres philosophiques*, t. 2, ed. E. MOUTSOPOULOS e C. DODOU (*Corpus Philosophorum Graecorum Recentiorum*), Tessalonica, Fondation de Recherche et d'Éditions de Philosophie Néohellénique, 1971, pp. 81-226, especialmente p. 195.

razão, donde a homologia entre essas e as normas que a lei moral implica. É forçoso, então, constatar o impacto dessa relação dialética sobre as relações da consciência com a kairicidade. Embora tenhamos feito muitas alusões a isso nos capítulos precedentes, seria talvez útil fazer, doravante, uma referência mais detalhada, precisando, sucessivamente, o estatuto da liberdade, o da lei moral e da kairicidade, e depois seus laços respectivos.

A liberdade em si é um estado que subentende a existência, sua autonomia e sua independência, e que assegura seu valor intrínseco. Ela é certamente absoluta, mas suscetível de sofrer restrições tanto externas quanto internas, devido ao que Jean Pucelle chama de «medo de ser livre»,[123] que corresponde a um tipo de *horror vacui*, de terror diante da falta de vínculos, e que o existencialismo chama de «ser lançado ao mundo»; ou então na presença da lei moral, conforme seus mandamentos, eles mesmos tributários das normas da razão. Ela é também chamada a se manifestar por atos que tem um fim determinado e que liberam a consciência de sua angústia face ao caráter absoluto dessa liberdade. A lei moral, por sua vez, afirma-se sob forma de sentimento inato, relativo aos valores do bem e do mal, do justo e do injusto, ditando as regras do comportamento da consciência em relação a si mesma e aos outros. É claro que entre liberdade e lei moral relações estreitas se estabelecem no quadro da consciência, que é consciência não só da existência, mas também da liberdade a que se liga a ponto de se confundir com ela, inspirando atitudes de rejeição, restos do terror mencionado, aliás, nunca inteiramente consumados.

O estatuto da kairicidade remete à imagem de um campo no interior do qual a consciência se engaja para delimitar um instante único, eventualmente associado a um lugar, igualmente único. Cada um deles, ao mesmo tempo mínimo e máximo, coopera de maneira decisiva para a mudança do curso da realidade explorada pela consciência, assombrada que está pela ideia mesma de um fim regulamentado em favor da existência. A kairicidade se apresenta, então, como uma fonte de instantes e de lugares favoráveis onde a intencionalidade da consciência, movida pela vontade que assegura a unidade, a continuidade e a consequência de sua ação, detecta, escolhe, apreende, se for bastante experiente, e explora o mais possível um instante e um lugar favoritos, servindo-se deles como de dois instrumentos que prometem concorrer para modificar a realidade objetiva, reformá-la,

---

123 Cf. *op. cit*, pp. 17-24.

corrigi-la, transfigurá-la, ou inverter sua progressão em proveito da existência. A atitude káirica é então incessantemente, não se duvide, uma atitude pragmatista e não poderia ser considerada de outro modo.[124]

Ora, esse pragmatismo está subordinado à aprovação e à caução da lei moral que se objetiva através de um imperativo categórico, o qual, por sua vez, visa o universal. Em tal contexto, a lei moral intervém de maneira restritiva. Em outros termos, ela limita o alcance da liberdade a um campo reduzido que exclui o mal causado a si mesmo ou a outrem. Essa restrição e essa exclusão se ligam à própria natureza do imperativo categórico. Se ele pretende, como acabamos de ver, o universal, não pode autorizar uma liberdade absoluta que proceda a torto e a direito, sem controle e sem reservas. Ademais, tal liberdade não poderia qualificar uma existência organizada que intervém, com conhecimento de causa, para fins definidos, aprovados pela razão da qual emana a lei moral. Esses três fatores influenciam, concertadamente, toda conduta consciente. Mas é a razão, inegavelmente, que atesta o caráter medido e ponderado da ação decente, apropriada ao aspecto que deve revestir o testemunho moderado de uma liberdade digna de qualificar uma existência como completamente autônoma. A lei moral representa, então, um papel propício a um comportamento convidado a representar a decência, a circunspecção, a correção, a prudência, a temperança, o domínio de si.

Em suma, deve-se excluir, em princípio, o ato ditado por uma paixão que poderia trazer prejuízo à existência ou a outrem e deixaria entrever uma consciência perturbada, seja por um sentimento muito intenso, seja por alguma emoção que arrisca afetar sua realização. Enfim, deve-se excluir o ato que resultaria de uma especulação petéica viciosa. Essa exclusão, para dizer a verdade, muito frequente preserva a consciência de qualquer passo em falso, devido a uma preparação defeituosa ou a uma alteração abusiva do juízo que sustenta o ato em si. A lei moral se erige, assim, como garantia da justeza e da retidão do procedimento petéico da busca do *kairós*, tanto no campo definido pela kairicidade quanto no da própria ação káirica. A lei moral garante, especialmente, por sua implicação na atividade da consciência, que a escolha, a captação, a exploração e a fruição do *kairós* não se façam em detrimento de ninguém. Fornece a essa atividade uma caução de sua validade axiológica e, sobretudo, moral,

---

124   Cf. H. JONES, "Le kairós mène-t-il au pragmatisme?", *Diotima*, 16, 1988, pp. 100-105.

uma cobertura, por assim dizer, autorizada, vantajosa, eficaz, até preciosa e, finalmente, salutar, que certamente justifica a ação, mas também o processo de sua preparação, de sua execução e aproveitamento. Assim, a importância e a gravidade da intervenção da lei moral, no circuito que acaba de ser descrito, tornam-se evidentes. Com efeito, trata-se de uma intervenção "de cima", cuja função, além de regulamentar a energia da consciência, segundo normas precisas de respeito aos valores universalmente aceitos, consolida também sua validade.

Essa validade é seguramente necessária, na medida em que constitui os alicerces legais da ação, seu fundamento, ou sua razão de ser, e faz da kairicidade não só um continente de *kairois* virtuais, mas igualmente uma fonte de *kairois* legitimamente utilizáveis e exploráveis para o bem de toda existência que tem, moralmente, o direito de gozá-los. Dispensa generosamente seus favores e seus benefícios a quem quer solicitá-los, com o risco de às vezes ver o *kairós* buscado escapar de quem quer que o persiga, depois desaparecer[125]. Sempre em alerta, a consciência procede a um novo caminho, sem chegar, contudo, a se liberar da obrigação do aval da lei moral. Para ser legitimado, o desejo, infraestrutura existencial de um valor objetivado, deve imperativamente se dobrar às exigências dessa lei onipotente, que domina a atividade da consciência e impõe interdições às suas orientações axiológicas, salvaguardando o fundamentado de suas opções e, finalmente, a moralidade de suas intenções, após terem sido cumpridas. Em virtude dessa vigilância, a consciência se concilia com a censura exercida *a priori* sobre seus engajamentos (que são também tomadas de posição a propósito de desafios) e, satisfeita, persiste na via aprovada, de acordo com um cirtério objetivo, cujo agente reside em seu seio. Guiada por restrições que alternam com encorajamentos, serenada pela retidão e pela justificação de suas opções, deve perseverar ou, ao contrário, abandonar seus projetos antes mesmo de os ter realizado. A lei moral se mostra, então, como um juiz e protetor objetivo da consciência. Vela, a partir de dentro, acompanhando-a em suas atividades, assistindo-a em seus procedimentos e premunindo sua integridade moral, na busca e na obtenção de seus eventuais objetivos inconfessos referentes à psicanálise, disciplina que recorre à análise das motivações ocultas de uma atitude insólita e frequentemente inexplicável em uma primeira abordagem.

---

125 Cf. *supra*, p. 45-55.

3. Kairicidade e ação káirica

Não há nenhuma necessidade de recordar o quanto de riquezas a kairicidade, fonte inesgotável de uma multidão de *kairois* virtuais, oferece à consciência ávida para os açambarcar, facilitando as empreitadas que necessitam, cada uma, além do assentimento da lei moral e da assistência da vontade, do apoio das outras faculdades intelectuais, como a imaginação, que lhe propõe meios inesperados de operar. Ao inverso da temporalidade, que inclui uma série ordenada de instantes semelhantes e indiferentes para a consciência, a kairicidade contém instantes káiricos dessemelhantes e dispostos de maneira desordenada, reclamando uma série de intervenções por parte da consciência, que se esforça, sucessivamente, para supor a existência de um instante (de um *kairós*) propício a cada vez único, concordando por excelência com o projeto de que ela acaricia, para desentocá-lo, se ele realmente existe; para persegui-lo em sua fuga; e enfim para captá-lo e dele obter exaustivamente o fruto aguardado. Nessa perspectiva, e sem constituir um valor em si, o *kairós* se esboça, como vimos, como um meio extremamente eficaz, posto à disposição da consciência, para alcançar mais seguramente o valor ao qual ela aspira e que se torna o objetivo de sua ação, de que uma das etapas merece altamente a qualificação de káirica; qualificação que pode ser estendida ao conjunto do processo encetado e até ao seu cumprimento definitivo.

Tudo nesse processo concorre à manipulação total do *kairós*, sobre o qual a escolha da consciência recai, se foi corretamente apreendido e se sua exploração está isenta de qualquer problema ocasionado por uma reticência qualquer de sua parte, resultante de um tratamento defeituoso ou imperfeito da consciência. A diferença essencial entre a disponibilidade da kairicidade e o comportamento do *kairós* preciso, deve-se a que uma se oferece livremente a qualquer solicitação, enquanto a outra se recusa a isso por todos os meios de que dispõe, para só se entregar se for maliciosamente captada ou de surpresa. Evocamos a qual ponto lhe é fácil se subtrair da consciência que o persegue, os meios que essa deve desenrolar para ter resultados, mas também como ela, quando aí chega, obtém o *maximum*. A dialética que se estabelece entre kairicidade e ação káirica se apoia na passividade da primeira e no caráter enérgico da segunda; enérgico a ponto de influenciar a realidade, que ele contribui para modificar, por meio de um *kairós* definitivamente submetido, sob a forma de instrumento, às suas pretensões não só axiológicas, mas, mais ainda, puramente existenciais. Quanto ao manejo do *kairós*, visto como intrumento que serve para atingir um objetivo considerado enquanto valor e que, em consequência, fazendo parte integrante da intencionalidade da consciência, sua perseguição se torna uma fase predominante da ação.

É sobre a dialética em questão que repousa a axiologia derivada que podemos qualificar de axiologia *errática*. Efetivamente, de tanto buscar o *kairós* justo e preciso, que concorda com o abordar de frente uma situação real, a consciência vem a deslocar seu centro de interesse do objetivo inicial de sua visão em direção a um objetivo novo, radicalmente diferente do precedente. Basta um enfraquecimento momentâneo da vontade para que a orientação da consciência seja modificada e que o peso de sua atenção seja transferido do nível axiológico de origem a um nível distinto e heterogêneo, dizendo respeito à própria conquista do *kairós* que, sabemos, ao contrário da kairicidade, tende a se subtrair de qualquer empreendimento. Por isso, a consciência perde contato com a realidade para se deixar arrastar em uma corrida desenfreada, aparentemente sem saída, mas não sem esperança.

A consciência comete o erro, a princípio, de ignorar a diferença de natureza e de comportamento que kairicidade e *kairós* respectivamente acusam: uma se oferece espontaneamente a qualquer solicitação; o outro a recusa. E eis a consciência engajada numa falsa pista em busca de um meio que ela erige como objetivo: errância de que só se vê livre graças a uma nova intervenção da vontade que, por sua persistência, a reconduz ao caminho reto e reestabelece a ordem das coisas, que é precisamente retornar ao ponto de partida da ação káirica, isto é ao postulado de modificação e de reestruturação pura e simples da realidade, em favor e em proveito da existência. A ação káirica é então restaurada em seu estatuto original e a errância passageira da consciência terá tido como efeito só o de haver-lhe extorquido uma parte da energia que poderia ter sido utilizada para chegar ao objetivo principal. Em todo caso, a ação káirica é a figura principal de toda ação e tem, contanto que a consciência não se perca tomando o *kairós-meio* como um verdadeiro fim, possibilidades de sucesso. A consciência pode se enredar, mas a ela pertence o poder reagir, e triunfar seus erros que, superados, alimentam *a contrario* o domínio da experiência e o enriquecem, ainda que negativamente, seu alcance, todo erro acabando por ser um reforço da retidão no que concerne à ação káirica, seu estatuto indica os limites que podem ser atingidos pela atividade do ser.

Capítulo III
Kairicidade e Liberdade

1. O estatuto da existência livre

Uma existência não previamente hipotecada é tida como dispensada de qualquer vínculo de pertença e, em consequência, de qualquer dependência existencial. Pertence só a si mesma e não poderia se subtrair de sua independência e de sua autonomia, a não ser que estivesse privada de seu estatuto de liberdade. Se tal é a situação da existência, segue-se que sua liberdade, em si absoluta, admite, para ser integrada na realidade, sem por isso perder seu caráter exclusivo, certas restrições impostas ao seu estado para se harmonizar com seu ambiente, tanto humano quanto natural. A liberdade anuncia um estatuto axiológico totalmente neutro. É só enquanto liberdade de uma pessoa que adquire um sentido e um significado. A história da noção de liberdade remonta certamente à Antiguidade, onde se opõe ao mesmo tempo à *ananké* e à *douleia*[126], tendo a primeira conotação cosmológica e moral[127], e a segunda conotação moral duplicada por conotação social.[128]

Em um caso como no outro, a noção de liberdade designa a possibilidade de uma pessoa ser liberta, isenta de qualquer obrigação forçada e inteiramente disponível. Essa disponibilidade implica o gozo de certos direitos, a saber: os de isonomia, de isegoria etc., que testemunham a igualdade das pessoas que formam uma comunidade e entre as quais se estabelecem relações de equilíbrio, de equivalência, de paridade, donde emanam direitos de igualdade.[129] A liberdade de cada um termina onde começa a

---

126   Cf. Anaxágoras, fr. A 29 (D.-K.¹⁶, II, 13, 11); Demócrito, fr. B 226 (D.-K.¹⁶, I, 190, 15); fr. b 251 (II, 195, 12).
127   Cf. Idem, fr. A 166 (II, 129, 11); fr. B 282 (II, 204, 9).
128   Cf. Herácl., fr. B 53 (I, 162, 9); Górg., fr. B 11 (II, 297, pp. 6-7); Crítias, fr. B 37 (II, 393, 8); Tucíd., 8, 15.
129   Cf. Platão, *Rep.*, VIII, 557b; 563b; 564a; IX, 576a; *Leis*, III 693d; 698a. Cf. Aristóteles, *Polít.*,

liberdade dos outros. Mais que uma prerrogativa, a liberdade é a condição natural de todo ser, concepção que admite várias versões, dentre as quais, extrema, a de Duns Escoto, que se apoia sobre o *principium indifferentiae*, e a do determinismo absoluto, ambas combatidas pela atitude epicurista[130] e utilitarista[131] antes do tempo de Buridano. Será preciso esperar pelo cartesianismo e suas interpretações imediatas, para assistir à elaboração de uma doutrina polivalente da liberdade que qualifica a própria existência. De fato, Descartes humaniza a liberdade, localizando-a ao nível geral do espírito, enquanto que Spinoza parece localizá-la mais especialmente ao nível da razão e Leibniz, ao nível do entendimento. É, ao menos, o que deixam supor as críticas emitidas sobre o cartesianismo integral por esses dois "cartesianos".[132] Kant, porém, certamente voltará ao critério da razão (prática),[133] por intermédio da onipotência da lei moral, critério que será retomado, através do hegelianismo,[134] por Victor Cousin e sua escola, e depois pelo neocriticismo.

O papel negativo ou positivo representado, respectivamente pela vontade quanto à axiologia da liberdade em Schopenhauer[135] e Nietzsche,[136] foi sublinhado de modo bastante significativo. Cada um desses dois filósofos exerceu uma influência preponderante por volta do fim do século XIX, nisso, imitados por Bergson, para quem a liberdade é um estado de consciência, um verdadeiro vívido.[137] Heidegger também vê, no problema da liberdade um estado vívido, mas sob forma de alternativa que lembra a considerada por Kierkegaard.[138] Quanto a Sartre, afirmava em toda a ocasião que a noção

---

Γ 8, 1280ª 5; Δ 4, 1291ᵇ 34. Para os Estóicos, cf. *SVF*, I, 107, 19; III, 25, 38; 86, 31; 87, 5; 155, 15. Cf. Plotino, III, 1, 8, 10; VI, 8, 3, 23; 8, 4, 6; 8, 4, 26; 8, 15, 23; Epi T., *Entr.*, I, 17. Cf. G. Germain, *Épictète et la Spiritualité Stoïcienne*, Paris, Seuil, 1964, p. 185 e a n. 35: «a razão enquanto faculdade de julgamento e de livre escolha. A liberdade interior do homem é um absoluto do mesmo modo que a razão».

130 Cf., p. ex., Epicuro, *Epist. ad Menoec.*, 129 (p. 63, Usener).
131 Cf. J. Bentham, *Introd. to the Principles of Moral and Legislation* (1789), *init.*
132 Sobre esss críticas respectivas, e em particular sobre a atitude de Leibniz a respeito de Descartes, cf. J.-M. Gabaude, *Liberté et raison. La Liberté Cartésienne et sa Réfraction Chez Spinoza e Chez Leibniz. Philosophie Justificatrice de la Liberté*, Toulouse, Publ. de l'Univ. de Toulouse- Le Mirail, 1974, especialmente pp. 119-120, 149-150, 175-177, 285-289, 350-353.
133 Cf. *supra*, p. 142 e a n. 10.
134 Cf. *ibid*.
135 Cf. *supra*, p. 92, n. 6.
136 Cf. F. Nietzsche, *La Volonté de Puissance*, trad. fr. por G. Blanqui, I, p. 143.
137 Cf. H. Bergson, *Essai, Œuvres*, Éd. du Centennaire, pp. 93-144.
138 Cf. S. Kierkegaard, *L'Alternative*, Iʳᵉ partie, 1843, trad. fr. P. H. Tisseau e E. M. Jacquet-Tisseau, Paris, Orante, § 1; cf. J. Wahl, *Études Kierkegaardiennes*, 2ᵉ éd., Paris, Vrin, 1949, pp. 47-48; cf. P. Mesnard, "Comment définir la philosophie de Kierkegaard", *Revue d'Histoire et de Philosophie Religieuse*, 4, 1955.

de liberdade compunha o verdadeiro fundamento do seu pensamento,[139] tanto que, na medida em que o existencialismo é, com as outras tendências derivadas da fenomenologia, uma filosofia ainda viva em nossos dias, não seria absurdo pensar que a liberdade sempre permanece como o eixo, segundo o qual qualquer concepção que remeta à temporalidade, e mesmo à kairicidade, é suscetível de se desenvolver.

A liberdade supõe a faculdade de escolher. Efetivamente, a kairicidade, pelo fato de que revela uma infinidade de *kairois* potenciais, se presta a encorajar escolhas que escandem a caminhada da consciência e determinam a direção da progressão da existência em direção à sua plenitude. Quanto mais a consciência se nutre de *kairois* livremente escolhidos, mais intervém no exame das situações, para fazê-las evoluir em seu benefício, e mais ela adquire o domínio de sua potência e a técnica para impor suas próprias regras sobre a evolução da realidade, que daí em diante, domina à sua guiza, forçando-a a dobrar-se à sua vontade, mas respeitando as exigências da lei moral, fora das quais sua ação estaria privada de qualquer legitimidade. A liberdade de ação da consciência garante, desde então, sua eficácia e a qualidade de seu rendimento, e contribui abertamente para elevar o nível da dinâmica humana que ela simboliza.

Nessas condições, a liberdade domina a abordagem da kairicidade pela consciência, graças à aura que ela desdobra em torno da existência, uma aura que se confunde com a própria existência e que, à sua imagem, manifesta sua presença através do dinamismo da consciência, que é sua intencionalidade. Trata-se aqui de um *continuum* existencial, que implica existência e consciência banhando-se na liberdade e irrigadas por ela. Esse *continuum* exibe um aspecto bastante insólito, visto que a liberdade que representa a fonte e o meio de onde a existência surge é conjuntamente, sua emanação direta. Mantendo certas distâncias, para não cair na armadilha de algum essencialismo, sustentaríamos prontamente que liberdade e existência, incluindo a consciência, prolongamento direto da existência, cruzam-se, ou melhor, se interpenetram por um tipo de *perikhorésios*, para empregar uma expressão inaugurada por Anaxágoras,[140] e retomada mais tarde por Clemente de Alexandria.[141] Essa pericorese transmite seu próprio dinamismo ao impulso pelo qual a consciência se refere à realidade para, em

---

139 Cf., p. ex., *L'être et le Néant*, pp. 508-509.
140 Cf. Anaxágoras, fr. B 12 (D.-K.16 II, 38, 5; 7; 12; 14) e B 13 (II, 39, 16).
141 Cf. CLEM. DE ALEX., *De sancta trin.*, 1 e 6; Cf. João de DAMASCO, p. ex., *Expos. Fidei*, 1 e 10.

benefício da existência, modificar o curso de sua evolução. Nesse processo, a kairicidade representa um papel quase passivo. Ela põe à disposição da consciência potencialidades káiricas e se deixa explorar nessa orientação.

Ora, assim que delimitadas, essas potencialidades começam a se atualizar, reagindo à atitude petéica da consciência, depois resistindo à perseguição que a consciência lhes reserva: reação e resistência tanto mais selvagens e obstinadas quanto mais se torna insistente sua caça. Porém, tão logo tomadas, deixam-se esgotar sem oposição nem protestos. Seguimos, no que precedeu,[142] as modalidades de seu comportamento, tanto no caso em que foram aprisionadas em armadilha quanto no de sua fuga, assim como as marcas que testemunham a lembrança de sua passagem. Poder-se-ia mesmo afirmar que seu estatuto ontológico de *kairois*, terminados sem ter sido captados e explorados, é ainda o de potencialidades. São, daqui em diante, apenas sombras, *quase não seres*, mas que têm direito de cidadania no interior da consciência, tanto que essa se referirá à sua ausência e depois desaparecerão no caos e no abismo da inexistência.

A liberdade é o princípio existencial que sustenta a atividade da consciência em suas escolhas káiricas essenciais, segundo as quais subentende-se, contudo, que agirão sob o signo de uma causalidade determinante. Essas escolhas são obtidas com perfeito conhecimento de causa: seu resultado estará de acordo com um determinismo pré-concebido, conforme ao qual a realidade deverá se submeter. Assim, a livre escolha da consciência resulta na instauração de um determinismo implacável e numa causalidade incontornável. Essa modificação qualitativa de uma fase do processo káirico ao outro, não poderia entravar a continuidade que é assegurada pela energia da vontade. Kairicidade e liberdade se encontram, consequentemente, ao nível da consciência, que se encarrega da coordenação das faculdades, em vista de solicitar a indicação de um *kairós* adequado e explorável, nas condições mais vantajosas quanto aos dados e às perspectivas da intencionalidade, que admite tanto a coexistência da liberdade e de um determinismo, quanto a aparição, subsequentemente, de um determinismo que emerge a partir de uma ação livre da consciência. Essa descontinuidade qualitativa não pode, em caso algum, incomodar a continuidade da ação, muito pelo contrário: permite passar de um estado de preparação a um estado de realização de uma ação contínua através

---

142 Cf. *Supra*, pp. 117-122.

do recurso ao princípio de determinação, que domina o mundo real e que se presta de bom grado a agir sobre ele segundo o projeto da consciência.

Não nos surpreenderemos, então, com que a consciência, movida por um impulso que deriva de um estado de liberdade, mobilize a *ananké* para conseguir fazer desviar a realidade de seu curso previsto e trazê-la para se submeter às exigências da existência, concretizadas sob a forma de valores a serem atingidos, e isso por caminhos desviados. *Ananké*, colocada a serviço da liberdade, torna-se um estranho método para chegar ao fim; estranho, porém correntemente utilizado e aprovado todo o tempo. Também a liberdade oferece à atividade da consciência uma possibilidade de abertura a campos inexplorados, a fim de se os apropriar de acordo com suas prescrições, aparentemente arbitrárias, mas que, de fato, são suscetíveis de se apresentar sob a forma de leis; leis que não tem curso obrigatóriamente, pois só são aplicadas excepcionalmente, pretendendo ter validade aí. Nisso, a liberdade, recordemo-lo, é como o alicerce e a sustentação da existência, em virtude do que tolera, ou mesmo encoraja, qualquer licença cujo alvo é a estabilidade da existência. Recorre a todos os meios disponíveis para influenciar a mutação das condições objetivas, nas quais a existência é, por sua dinâmica, chamada a desabrochar, fundando-se na identidade permanente de sua condição. A liberdade da existência implica, inegavelmente, a liberdade de seus estados, e esses, por sua vez, a liberdade de seus atos. A existência inteira se confunde com a liberdade e comunica seu estado à kairicidade, que anima por sua ação.[143]

---

143 Cf. *supra*, p. 86; p. 130 e as n. 14-16. Depois de Aristóteles e dos Estóicos (o caso de Plotino é diferente. Cf. J. M. RIST, "*Prohairesis*: Proclus, Plotinus et alii", *De Jambique à Proclus, Entretiens de la Fondation Hardt*, 21, Genève, 1975, pp. 103-122; cf. J. DILLON, "The Freedom of the Caged Bird: Plotinus on 'what is in our Power' (ἐφ' ἡμῖν)", *Philosophia*, 37, 2007 e nota 9: «By Plotinus' time, *prohairesis* had come to mean something more like "character", something more fixed and permanent than will». [«No tempo de Plotino, *prohairesis* passou a significar algo mais parecido com "caráter", algo mais fixo e permanente do que a vontade»]), GREGÓRIO DE NISSA, *PG*, Migne, t. 44 (I), 405 B-C; 796 D; 1164 B; t. 45 (II), 40 B; 1217 C; t. 46 (III), 97 A – 103 A, distingue nitidamente entre *liberdade de escolha* – προαίρεσις – (Kant mencionará a *Willkuur*), que convém à consciência, e *liberdade estrutural* – ἐλευθερία –, que se aplica à existência. Cf. J. GAÏTH, *La Conception de la Liberté Chez Grégoire de Nysse*, Paris, Vrin, 1953, especialmente pp. 79-81. Trata-se, em suma, de duas manifestações, uma circunstancial, outra fundamental, do mesmo privilégio humano.

2. O estatuto da consciência káirica

Em sua aula inaugural no *Collège de France*, referindo-se a Edouard Le Roy, sucessor de Bergson, Louis Lavelle comentava desse modo a interpretação da concepção bergsoniana de intuição por seu predecessor: «a intuição não se limita a aprofundar a consciência solitária que temos de nós mesmos: pois essa consciência adere a todo o real; não cessa de mergulhar na obscuridade de suas origens cósmicas, de onde pouco a pouco se desprendeu como a aurora que anuncia o dia; e não cessa de remontar até o lar donde empresta sua luz».[144] E prossegue, a propósito da mensagem de Bergson, a qual «vai além de todas as doutrinas. Está presente inteiro na ressonância de certas palavras muito simples e muito misteriosas, como as de intuição, de duração, de memória pura, de impulso vital, de fechado e de aberto, que agem sobre nós à maneira de um encantamento, pois descobrem em nós essa infinidade vivente de que somos os membros e que podemos ora interromper, para confiscá-la em nosso proveito, ora assumir, numa espécie de generosidade desinteressada e criadora».[145] Não se poderia definir melhor a noção de intencionalidade da consciência, numa acepção bergsoniana do termo.

Nesse contexto, todavia, não podemos admitir que «minha consciência *só tem comércio com outras consciências*» (grifo nosso).[146] É evidente que é a partir desse «comércio» que se forma uma intersubjetividade, mas, daí a pretender que o mundo das coisas é «um imenso deserto»,[147] corre-se o risco de conduzir a um puro idealismo, o que Bergson, sem dúvida alguma, teria desejado evitar a todo custo. O que ele certamente deixou de considerar e que poderia ter decorrido do aspecto pragmatista de sua filosofia, foi o estatuto da consciência da duração, invertida e apresentada sob a forma de estatuto da consciência káirica. Essa consciência ou, ao menos, seu esboço, parece, primeiro, negligenciar o lado continuísta, próprio à consideração da duração, para se vincular só ao lado descontinuísta, próprio à consideração da kairicidade. Evidentemente, a consciência da kairicidade não pode se privar de uma referência coerente a esta; mas essa

---

144 2 de dezembro de 1941. Cf. Louis Lavelle, *L'Existence et la Valeur. Leçon Inaugurale et Résumés des Cours au Collège de France* (1941-1951), Prefácio de Pierre Hadot, Paris, Documents et inédits du Collège de France, 1991, p. 12.
145 *Ibid.*, p. 19. Cf. E. Moutsopoulos, "Du courant conscienciel au flux de la conscience", *loc. cit.*
146 L. Lavelle, *op. cit.*, p. 29.
147 *Ibid.*

referência, que é global, não a impede de discernir em si cortes virtuais que ela delimita, isola, persegue, captura (algumas vezes se arriscando perdê--los), para fazê-los frutificar em seu favor. Esse processo visa, constatamos frequentemente, o proveito da existência, manifesto por uma intenção que se concretiza como projeto de atingir um valor, aspiração previamente objetivada. A consciência recorre, então, ao instante propício por excelência, a fim de satisfazer sua propensão a atingir seu objetivo, entendido como valor. Todavia, atenção à consciência que confunda a conquista de seu verdadeiro objetivo com a conquista do meio, mesmo do mais indicado para ter ganho de causa: ela perderia de vista esse objetivo e perderia a si mesma, no labirinto de uma aventura sem fim.

A procura pelo *kairós* é só a procura por um instrumento mais ou menos adaptável a uma função precisa; não poderia se substituir nem a essa função, nem menos ainda ao objetivo para cuja realização esse instrumento se presta. Tendo já percebido essas diferenças,[148] Platão recomendava tomar muito cuidado com as confusões cometidas em relação a isso.[149] Toda confusão deve, pois, ser excluída. A corrida atrás do *kairós*, mesmo que desejável, não é obrigatória. Suplementa a busca do valor, mas não a suplanta. Corre o risco de desviar do bom caminho uma consciência exageradamente esquecida de sua orientação principal, digamos uma consciência muito volúvel, que merece ver freados seus impulsos para tendências desviacionistas. Por felicidade, a vontade cuida constantemente para obrigar a consciência a manter o rumo de sua orientação axiotética principal e a gozar dos valores abordados por ela, garantindo, assim, tanto quanto possível, a continuidade e a coesão de sua atividade.

Será preciso recordar a controvérsia estabelecida entre mecânica ondulatória e mecânica quântica, no fim do século XIX e no início do XX, e a atitude filosófica e epistemológica adotada respectivamente em favor da primeira, sob seu aspecto continuísta, inicialmente por Bergson, depois em favor da segunda, sob seu aspecto descontinuísta, por Bachelard dentre outros? A posição de Bergson não poderia ser diferente, visto sua simpatia pela duração real fugidia, em oposição à temporalidade entendida como divisível; donde a crítica bergsoniana do platonismo, considerado sob a forma do modelo e do protótipo das filosofias favoráveis ao

---

148 Cf. Platão, *Crátilo*, 388a-389c.
149 Cf. E. Moutspoulos, "Un instrument divin: la navette, de Platon à Proclus", *Kernos*, 10, 1997, pp. 241-247.

descontinuismo.¹⁵⁰ Põe-se a questão, no entanto, de saber qual teria sido a disposição de Bergson face a uma filosofia da kairicidade, sendo conhecida, de um lado, sua simpatia pelas teorias continuistas e, de outro, sua propensão pelas teorias dinamistas, que repousam sobre a ideia de uma consciência em movimento. Essa problemática poderia ter sido resolvida positivamente, levando-se em conta que, segundo Bergson, a consciência se acha em movimento perpétuo e, enquanto tal experimenta estados que também estão em movimento.

Longe de ser decomponível e fragmentária em si, a kairicidade vê-se fraturada por uma consciência que procura realizar seus projetos da forma mais consumada e plena. O instante káirico não pode se comparar ao instante temporal: este é privado de significação; é neutro e, por assim dizer, incolor e insípido. O instante káirico, ao contrário, tem um papel capital a representar na cena da atividade da consciência; ele faz oscilar o resultado de um processo, à maneira do personagem que a estátua de Lísipo representa, falsamente imortalizada por Posidipo, e que, colocando o dedo sobre um dos pratos da balança que segura, faz oscilar, por sua intervenção, o sistema inteiro.¹⁵¹ Sua presença é virtual, mas, uma vez atualizada, revela-se decisiva. Bergson não poderia deixar de se referir a isso à sua maneira. Numerosas passagens do *Ensaio*, especialmente no capítulo sobre a duração real e a previsão,¹⁵² militam nesse sentido. Trata-se, entre outras coisas, de enfocar as probabilidades de apreender os sentimentos experimentados por outrem, ao sabor de uma ocasião que se apresenta ou que não mais se apresenta,¹⁵³ ou de considerar que existem duas maneiras de conceber o cumprimento de um ato: seja como não ainda efetuado, seja como definitivamente realizado. ¹⁵⁴ Poderíamos multiplicar os exemplos.

Certamente, a ordem dos raciocínios se mostra específica; mas a "intuição" da noção de kairicidade emerge na surdina. Mais substancial se anuncia a concepção bergsoniana da previsibilidade do ato livre: «É o eu de baixo que remonta à superfície. É a crosta exterior que explode, cedendo a uma irresistível pressão... a ação cumprida *não exprime mais*, então, tal ideia superficial, quase exterior a nós... responde ao conjunto de nossos sentimentos,

---

150   Cf. Idem, *La Critique du Platonisme Chez Bergson*, pp. 57-58.
151   Cf. *supra*, Preâmbulo, p. 12.
152   Cf. *Essai*, Éd. du Centenaire, pp. 120-129.
153   Cf. *ibid.*, p. 123.
154   Cf. *ibid.*, p. 124.

de nossos pensamentos e de nossas aspirações mais íntimas».[155] Taxar-se-ia facilmente essa interpretação de "psicologista", mas não se deve perder de vista o processo de objetivação das aspirações, sob o aspecto de valores a serem alcançados enquanto vividos. É então compreensível que a consciência intervenha sob a impulso desses valores objetivados e que as decisões deliberadas, a partir das quais os atos conscientes se concretizam, visem à apropriação desses mesmos valores. A liberdade da consciência obedece a critérios intersubjetivamente admitidos.

Para Lavelle, existência e liberdade são valores essenciais e incontornáveis, que fazem do ser humano um valor em si. «Um ser que está situado no mundo procura, naturalmente, conhecê-lo: isso que é o objeto de sua inteligência. Mas também procura conformá-lo às aspirações de sua sensibilidade e de sua vontade, ou seja, introduzir nele um *valor* que faça com que sua vida tenha um significado e mereça ser vivida. Não nos espantaremos de que haja entre a realidade e o valor uma oposição que é o princípio de nosso desespero, se pensarmos que ela é insuperável, e o aguilhão de nossa atividade, se pensarmos que é nossa tarefa vencê-la».[156] Reconheceremos sem hesitação, nessas linhas, o espiritualismo do último Lavelle, que é, para dizer a verdade, suficientemente moderado e tende a um certo relativismo. Com efeito, seu pensamento é orientado para um intelectualismo tradicional, sem por isso desdenhar reconhecer a realidade objetiva e a dinâmica da consciência que opera de maneira a lhe reenviar o eco de seus próprios valores, a fim de atribuir, por reflexão, um sentido e um significado a essa realidade, assim como à realidade da própria existência. O importante é que o filósofo admite, em seguida, uma categoria de valores concernentes à precedência da consciência sobre o mundo, apresentando-se sob a forma de modelos reestruturantes, para melhor adaptá-la às exigências da vida. Estamos em presença de um idealismo moderado ou de um objetivismo, no qual detectamos igualmente alguns elementos de um realismo dinâmico. Sem aprovar o sabor idealista dessas proposições, aceitaremos, sem restrição alguma, a asserção de que a consciência intervém para modificar a face do mundo e, em consequência, o curso dos acontecimentos, para conformá-lo às suas aspirações. Ela é, então, levada a recorrer, com toda liberdade, a um determinismo forçado.

---

155   *Ibid.*, p. 112.
156   L. Lavelle, *Résumés des cours, 1949-1950*, p. 109.

Essa referência ao último Lavelle tem sua razão: ela mostra que um pensador de sua têmpera não hesita em reconhecer que a consciência opera livremente sobre a realidade, em seu próprio benefício. Da kairicidade, nenhuma palavra, salvo algumas alusões bem vagas na teoria lavelliana do tempo.[157] Quanto à experiência do ser, que é a experiência da existência, ela revela a experiência da liberdade.[158] Existência e liberdade são, assim, diretamente identificadas. Converge quanto a isso a consideração análoga da ontologia sartriana e notamos, a propósito disso, uma tendência quase generalizada de prolongar o campo nocional da existência em direção ao da liberdade, assim como esse último em direção ao da consciência, o que significa aceitar o *continuum liberdade-existência-consciência*. Sabemos que esse mesmo *continuum* pode ser prolongado na direção da kairicidade e além; com a única diferença de que, do nível da kairicidade ao da realidade atualizada, sofre uma mutação profunda, transitando do campo da liberdade ao do determinismo. O desnível se faz, então, no próprio nível da kairicidade: a consciência se introduz livremente no reservatório inesgotável de *kairois* contidos na kairicidade, para aí explorar a possibilidade de escolher o *kairós* mais adaptado ao seu objetivo. Após ter sido captado, depois de todos os acasos que precederam sua captura, esse *kairós* se ativa de modo decisivo e (contanto que tenha sido corretamente escolhido) definitivo sobre o objetivo em questão. Passa-se, assim, de um estado de atividade livre a um estado de atividade com resultados determinantes. A transição qualitativa de um estado ao outro se produz no interior da kairicidade, que serve de meio transformador à dinâmica da ação e faz valer sua credibilidade.

3. Kairicidade ou o horizonte dos possíveis

Reservatório de *kairois* (é bom lembrar disso), a kairicidade se afirma enquanto meio de eventualidades que se atualizam em contato com as consciências que estão engajadas em uma ação. É suscetível de obter-lhes meios ou instrumentos propícios ao cumprimento de projetos, visando firmar a realidade, quer esta seja de ordem material ou moral, ou

---

157 Cf. Idem, *Du Temps et de L'Éternité*, Paris, Aubier, 1945, especialmente pp. 43-44.
158 Cf. Idem, *La Présence Totale*, reed., pp. 33-34.

ainda social, com o selo da intervenção de uma consciência em princípio individual, mas que pode ser também coletiva, se tratar de uma ação conduzida por uma consciência de herói (ou de condutor) histórico, criador de valores aos quais a maioria adere, ao menos de início. O fundamento de todo valor certamente reside em uma aspiração objetivada depois, para exercer uma atração sobre os espíritos, tanto mais geral quanto mais numerosos forem, a ser seduzidos por ela. Atingir tal ou qual valor torna-se, com justiça, o fim da atividade de qualquer consciência. Ela nisso se emprega intensamente e, evidentemente, o problema para ela não é o de desejar, ardentemente, alcançar seu objetivo, mas antes de prever a via na qual se engajará para escolher o momento de entrar em ação. A kairicidade é, então, solicitada e oferece um leque de ocasiões, conduzindo ao resultado feliz da operação.

A escolha é tanto mais penosa quanto mais prontamente deva ser concluída. É num átimo que a consciência é constrangida a investigar, utilizando o método petéico, suas possibilidades de êxito. Disso deriva a frequência de seus erros de apreciação além dos subterfúgios do *kairós* em que ela lançou suas expectativas, para escapar de sua empreitada, com ou sem sucesso, a tal ponto que ela deve frequentemente renovar suas tentativas, ressentindo-se sempre das sequências da ocasião falhada, que para ela fica, no entanto, como uma experiência adquirida. Se o caso do *kairós* mal escolhido se reitera várias vezes, a consciência assim ridicularizada é posta diante de uma situação intolerável e desesperada: ela se vê na obrigação de levar seriamente em consideração as categorias káiricas do *tarde demais* ou do *nunca mais*.

Essa análise parece anunciar a duração de um processo que, para ser eficaz, deve se desenrolar em um piscar de olhos, como que intuitivamente. De fato, ele se apresenta como o aspecto condensado, reduzido ao extremo, de uma longa série de operações mentais, onde as faculdades do espírito são recrutadas em seu conjunto. A explicação disso pode ser dada pelo envolvimento profundo da existência em seu esforço para atingir um valor preciso ou um grupo de valores, subentendendo-se que todo valor é só a objetivação de um desejo ou de uma aspiração da consciência a experimentar do exterior o que, fundamentalmente, emana da própria existência, valor em si. A verdade é que se comete um erro gravíssimo, aliás, frequente, trocando o estatuto de um *kairós* pelo de um valor, sendo o *kairós* só um expediente para chegar ao fim cobiçado. Nessa ordem de ideias, a kairicidade pode, além disso, ser concebida como o lugar e como o horizonte dos possíveis que se oferecem à liberdade da consciência; possíveis que assombram o espírito que está em busca de uma via de progressão para o cumprimento de sua própria existência objetivada no universo de valores e digna de ser vivida em si.[159] Esse desafio de realização consciente do eu encontra seu modo de conclusão através das eventualidades que a kairicidade lhe propõe e que ele se esforça para subjugar, inteiramente advertido de que existem obstáculos, inconvenientes e aborrecimentos que ele corre o risco de encontrar através desse caminho. Porém, chegado ao termo de sua aventura, esse *eu* experimentará a verdadeira satisfação de ter integralmente alcançado seu destino.

---

159 Cf. E. Moutsopoulos, "Vers une actualisation de la valeur 'homme'", *Culture Européenne*, Bolzano, Centre a. Rosmini, 1970, pp. 221-224.

CONCLUSÃO

LIBERDADE E KAIRICIDADE

Seguimos ao longo dos capítulos que precedem as peregrinações da consciência enfocada, nunca se terá repetido o bastante, como consciência da existência, em sua caminhada rumo à conquista do que parece ser a abordagem e a apropriação dos valores que nada mais fazem que refletir os diversos aspectos do valor em si que é o próprio homem e que, por via desse reflexo, dessa objetivação, está em condições de se assumir completamente. Para melhor realizar essa tarefa, a consciência procede à busca de um meio oportuno, em princípio, adequado ao seu projeto. De tanto procurar, ela inventa um sempre melhor, como diz Xenófanes.[160] Esse meio, esse expediente, é extraído dos conteúdos da kairicidade, que o propõe à consciência, que, por sua vez o apreende com riscos e perigos. O conjunto desse processo é só a expressão da liberdade da consciência que, por sua vez, testemunha a liberdade fundamental da existência. Essa liberdade se comunica ao campo da kairicidade, mas é nessa estapa que podemos julgar sua mutação como princípio de determinação sob a forma de um *kairós* preciso e incontornável que age como causa imediata implacável sobre a realidade do mundo, modificando-lhe a evolução, a fim de liberar os valores que aí se achavam objetivados e de restabelecer, através de uma descontinuidade forçada, a continuidade da liberdade que rege a condição humana. A condição humana é, então, vivida sob o aspecto da kairicidade em todos os setores da atividade consciente: a economia, a política, a ciência, as artes,[161] a espiritualidade, e, particularmente, a filosofia. Uma vez

---

160   Cf. Xenófanes, fr. B 18, 2 (D.-K.16 I, 133, 14). Cf. *Supra*, p. 129, n. 13.
161   A propósito da importância do kairós e da kairicidade, sobretudo no domínio da criação e da contemplação estética, dentre nossos trabalhos sobre a filosofia da arte, cf. "Art et travail, artiste et travailleur", *Rotonda*, 1973/I, pp. 277-279; "Vers une phénoménologie de la création", *Revue Philos.*, 86, 1961, pp. 261-291; "L'imagination formative", *Annales d'Esthétique*, 2, 1963, pp. 64-71; "L'organisation esthétique de l'espace", *Revue Philos.*, 89, 1964, pp. 341-360; "Le presque-beau", *Rev. d'Esthétique*, 17/1-2, 1964, pp. 40-45; "Structures: esthétique des contraires et art des compositions", *Diotima*, 3, 1975, pp. 164-165; "L'économie dans la création chez Platon", *Platon*, 1975, pp. 186-191; "Valeurs

apreendido e oportunamente utilizado, o *kairós* se torna, nos limites das prescrições da lei moral, o instrumento mais eficaz, capaz de reestruturar a realidade para a maior satisfação da existência, valor supremo,[162] constante e autêntico, que se afirma graças ao seu dinamismo e que, exteriorizado sob forma de diversas aspirações objetivadas, toma definitivamente consciência de si e realiza sua própria finalidade, que é ter assumido sua liberdade.

---

scientifiques et artistiques", *Néa Skepsi*, 18,1980, pp. 318-319; "Intentionnalité et kairicité dans la création musicale", *Parnassos*, 25, 1983, pp. 229-333; "L'improvisé", *Diotima*, 13, 1983, pp. 195-199; "Aesthetics: Art as a Pragmatic Axiology of Man", *Pragmatics*, Hamburg, F. Meiner, 1989, pp. 237-265; "Vers une phénoménologie de la musique", *Actualitas omnium actuum*, t. 3, Frankfurt/M., Peter Lang, pp. 502-522; "La mise en valeur du kairós", *Philosophia*, 29, 1999, pp. 205-209; "Méthorion et kairicité", *Philosophia*, 32, 2002, pp. 17-21; "Alternative Processes in Artistic Creation", *Proceedings of the 8th Intern. Wittgenstein Symposium*, Wien, Hölder, 1984, pp. 113-114; "Art and Values", *Univ. d'Athènes, Annuaire Scient. de la Fac. de Philos.*, 28, 1985, pp. 317-402.
162 Cf. Remetemos ao nosso estudo "Human existence, the supreme value" (no prelo).

ÍNDICE DOS TEXTOS MENCIONADOS

(Os números romanos remetem às páginas; os números cardinais remetem às notas)

(I) Pré-socráticos

TALES: 9.
fr. A1 (D.-K.16 I, 68, 23-29)
HERÁCLITO: 26.
fr. B53 (D.-K.16 I, 162, 9)
XENÓFANES: 102, 131.
fr. B 18, 2 (D.-K.16 I, 133, 14)
ANAXÁGORAS: 118, 120.
fr. A 29 (D.-K.16 II, 13, 11)
fr. B 12 (D.-K.16 II, 38, 5; 7; 12; 14)
fr. B 13 (D.-K.16 II, 39, 16)
CRÍTIAS: 118.
fr. B 37 (D.-K.16 II, 393, 8)
DEMÓCRITO: 118.
fr. A 166 (D.-K.16 II, 129, 11)
fr. B 226 (D.-K.16 II, 190, 15)
fr. B 251 (D.-K.16 II, 195, 11)
fr. B 282 (D.-K.16 II, 204, 9)
GÓRGIAS: 119.
fr. B 11 a (D.-K.16 II, 297, 6)
fr. B 11 a (D.-K.16 II, 297, 8)
HERÁCLITO: 26.
fr. B53 (D.-K.16 I, 162, 9)
XENÓFANES: 102, 131.
fr. B 18, 2 (D.-K.16 I, 133, 14)

(II) Poetas, prosadores

HOMERO: Il., K 173 (40, 7)
TEÓGNIS: 36.
El., 557 (40, 7)
ANACREONTE: 27.
Ode XVII, 10 (40, 7)
HERÓDOTO: 36.
VII, 11 (40, 7)
HIPÓCRATES: 25.
De art., 11, 27 (11, 27)
Reg. nal. aigues (Littré II, p. 278, §8)
(p. 296)

ÉSQUILO: 36
Coéf. (40, 7)
SÓFOCLES: 36.
Ant. (40,7)
EURÍPIDES: 36.
Heracl. (40, 7)
TUCÍDIDES:
8, 15 (Dr. fun.) (152, 4)
Leis (cont.)   Anal. (cont.)
I 7,431 a 11(104,5)
DEMÓSTENES: 105.
Ol., I, 11, 17 (134, 23)
TEÓCRITO: 36.
Id., 22, 6 (40, 7)
POSIDIPO: 9, 125.
Antol. Palat., XIV, 275 (11, 1)
DIÓG. LAÉRCIO: 9.

(III) Platão

Alcibíades I: I
110ϐ (25, 5)
118a (26, 7)
Apologia: 105.
19b (113, 19)
24b (113, 19)
26c (113, 19)
28a (20, 6)
37b (113, 19)
Banquete: 94, 95.
207a e seg. (119, 4)
Cármides: 124.
174b (25, 5)
Crátilo:
387b (50, 7)
388a – 389 e (159, 24)
391a-b (82, 3)

(IV) Aristóteles

Anal.:
7, 334b 29 (104, 5)
VI, 771e (26, 7)
VII, 820c-e (25, 5)
IX, 863c (26, 7)
Mênon: 43.

97b (50, 7)
98a-b (50, 7)
   Parmênides:
156d (82, 3)
Fedro:43, 101.
247a-b (25, 5; 128, 11)
275a (50, 6)
Filebo: 26.
22b (26, 7)
48c (26, 7)
   Político:
278c (50, 7)
292c (25, 5)
299 (25, 5)
   Protágoras:
326b (73, 12)
345d (26, 6)
358c (26, 6)
360b (26, 7)
   República:
I, 333b (25,5)
  336 (26, 6)
II, 374c (25, 5)
VI, 487d (25, 5)
VII, 518a e seg. (82, 3)
VIII, 557b (152, 5)
     563b (152, 5)
     564a (152, 5)
IX, 576a (152, 5)
   Timeu: 83, 143.
48a (104, 7)
86d (26, 6)
   Teeteto: 39, 40.
161d (50, 7)
176c (26, 7)
197c (45, 1)
198b (46, 1)
200b (45, 1)
   Metaf.:
Δ 2, 1013 a 21 (130, 14)
   Ét. a Nic.: 103.
B 5, 1106 b 27 (104, 5)
6, 1107 a 6-26 (104, 5)
7, 1108 a 9-30 (104, 5)
  1108 a 31 (104, 5)
9, 1109 a 20 (104, 5)
E 9, 1133b 32 (104, 5)

Ét. a Eud.:
B 10, 1226 b 7 (104, 5).
2, 1231 a 35-39 (104, 5)
7, 1234 a 24 (104, 5)
Política: 16, 131.
8, 1280 a 5 (152, 5)
Δ 4, 1291 b 34 (152, 5)
11, 1252 a 37 (104, 5)
E 6, 1306 b 17-21 (104, 5)
Poética:
18, 1455 b 24 (74, 14)
24, 1459 b 9 (74, 14)

(V) Epicuro

(A Men). (Usener):
129, p. 63 (152, 6)

(VI A) Estóicos

SVF (Arnim):
I, 52, 35 (130, 15)
107, 19 (152, 5)
II, 281, 3 (130, 15)
III, 25, ,28 (152, 5)
41, 32 (130, 15)
71, 12-20 (133, 20)
86, 31 (152, 5)
87, 5 (152, 5)
136, 22 (133, 20)
152, 30 (133, 20)
155, 15 (152, 5)

(VI B) Epiteto

Discursos:
I, 17 (150, 5)

(VIII) Plotino

Enéadas:
III 18, 10 (152, 5)
IV 5, 7, 44 (113, 18)
VI 2, 22, 35 (113, 18)
    4, 10, 13 (113, 18)
    8, 3, 23 (152, 5)

8, 4, 6 (152, 5)
8, 4, 26 (152, 5)
8, 15, 23 (152, 5)

(VIII) Proclo

in Alcib. I (Westerink): 40.
53, 10-13 (47, 5)
in Parmen. (Cousin): 40, 146.
1075, 34-35 (47, 4)

(IX) Autores cristãos

CLEMENTE DE ALEXANDRIA: 120.
De sancta trinitate:
1 e 6 (155, 17)
GREGÓRIO DE NISSA: 122.
PG (Migne):
t. 44 (I) 405 B-C (157, 19)
     796 D (157, 19)
     1164 B (157, 19)
t. 45 (II) 40 B (157, 19)
     1217 C (157, 19)
t. 46 (III) 97 A (157, 19)
     103 A (157, 19)
ps.-DIONISIO AREOP.:
Epíst. III ad Caium (Migne):
t. 3, col. 1069, 588 F (82, 3)
Hiér. cel.:
t. 3 (128) 15, $1 (128) col. 329 (82, 3)
JOÃO DE DAMASCO: 120.
Expos. Fidei: 120
1 e 10 (155, 17)
TOMÁS DE AQUINO: 34, 83.
(Cydones/Kalokairinou): t. 18
Summa theol.:
2a 2ae VII, art. 10, pp. 64, 14-66, 2 (38, 5)
LXI, art. 2, pp. 99, p. 9-101, 24 (104, 6)

(X) Poetas, prosadores

Dante (54, 10): 46.
Ronsard (28, 10): 27.
Lamartine (28, 10): 27.
Proust (128, 11): 101.

ÍNDICE ALFABÉTICO DAS OBRAS MENCIONADAS

ANSCOMBE, G. E. M. *Intention*, trad. fr. par C. Michon et M. Maurice, Paris, Gallimard, 2002.

AVIAU DE TERNAY, H. d'. "La relation droit et culture dans la troisième *Critique*", *Diotima*, 26, 1998, pp. 42-51.

BACON, F. *Novum Organum*, 1620.

BAL, G. "Silence et altérité chez Plotin", *Diotima*, 34, 2006, pp. 91-108.

_____. *La Transcendance dans la Philosophie Grecque Tardive et Dans la Pensée Chrétienne*, Actes du VIe Congrès de Philosophie Grecque (Athènes, 2004), Paris, Vrin, 2006.

BACHELARD, G. *Essai sur la Connaissance Approchée*, Paris, Vrin, 1928.

_____. *La Psychanalyse du Feu*, Paris, Gallimard.

_____. *L'eau et les Rêves. Essai sur l'Imagination de la Matière*, Paris, Corti, 1942.

_____. *L'air et les Songes. Essai sur l'Imagination du Mouvement*, Paris, Corti, 1943.

_____. *La Terre et les Rêveries de la Volonté. Essai Sur l'Imagination des Forces*, Paris, Corti, 1948.

_____. *La Terre et les Rêveries du Repos. Essai sur ler Images de l'Intimité*, Paris, Corti, 1948.

_____. *La Poétique de la Rêverie*, Paris, PUF, 1961.

BENTHAM, J. *Introduction to the Principles of Moral Legislation*, 1789.

BERGER, G. *Statuts du Centre International de Prospective*, Paris, 1957.

_____. *Phénoménologie du Temps et Prospective*, Paris, PUF, 1964.

BERGSON, H. *Essai sur les Données Immédiates de la Conscience*, 1889, *Œuvres*, Paris, PUF, 1959.

_____. *Le Rire*.

_____. *Matière et Mémoire*.

BRAÏLAS-ARMÉNIS, P. "Traités de l'âme, de Dieu et de la loi morale", *Œuvres Philosophiques*, t. 2, ed. par E. Moutsopoulos, C. Dodou, Thessalonique, F.R.E.P.N., 1971.

CEBALLOS HORNERO (A. et C.), "Cateogorias de Tiempo Histórico", *Endoxa* (Madrid), 21, 2006, pp. 137-156.

DILLON, J. "The Freedom of the Caged Bird. Plotinus on «what is in our Power»", *Philosophia*, 37, 2007.

FOUILLÉE, A. *La Psychologie des Idées-Forces*, Paris, 1893.

FRAISSE, P. "Études sur la Mémoire Immédiate, III: L'Influence de la Vitesse de Représentation et la Place des Éléments. La Nature du Présent Psychologique", *L'Année Psychologique*, 45-46, 1944-1945, pp. 29-42.

GABAUDE, J.-M. *Liberté et Raison. La Liberté Cartesienne et Sa Réfraction chez Spinoza et Leibniz. Philosophie Justificatrice de la Liberté*, Toulouse, Publ. de l'Univ. Toulouse-Le Mirail, 1974.

GAÏTH, J. *Le concept de la liberté chez Grégoire de Nysse*, Paris, Vrin, 1953.

GERMAIN, G. *Épictète et la Spiritualité Stoïcienne*, Paris, Seuil, 1964.

GÖDEL, K. *On Undecidable Propositions of Formal Mathematical Systems*, Princeton, N. J., 1934.

JANKÉLÉVITCH, Vl. *Le Je-ne-sais-quoi et le Presque-Rien*, Paris, PUF, 1958; 2ª ed., Paris, Seuil, 1980.

JERPHAGNON, L. *De la Banalité. Durée Personnelle, Durée Collective*, 2ª ed., Paris, Vrin, 2005.

JONES, H. "Le Kairós Mène-t-il au Pragmatisme?", *Diotima*, 16, 1988, pp. 100-105.

HEGEL, G. W. F. *Encyclopédie des Sciences Philosophiques en Abrégé*, 1817, trad. fr. M. de Gandillac.

HILBERT, D. *Axiomatisches Denken*, Math. Annalen, 78, 1918, pp. 105-115.

KIERKEGAARD, S. *L'Alternative*, 1ª parte, 1843, trad. fr. P. H. Tisseau et E. M. Jacquet, Paris, Orante.

KANT, I. *Critique de la Raison Pratique*, trad. J. Gibelin revista por Ét. Gilson, Paris, Vrin, 1945.

LAFRANCE, Y. *La Théorie Platonicienne de la «doxa»*, Paris-Montréal, Les Belles Lettres – Bellarmin, 1981; resenha por E. Moutsopoulos, *Diotima*, 12, 1984, pp. 217-219.

LANG, D. "Justice et bonheur dans la doctrine katienne du souverain Bien", *Diotima*, 26, 1998, pp. 82-91.

LAVELLE, L. *Du Temps et de l'Éternité*, Paris, Aubier, 1945.

_____. *La Présence Totale*, Paris, Alcan.

_____. *L'Existence te et la Valeur. Leçon Inaugurale et Résumés des Cours au Collège de France* (1941-1951), Prefácio de P. Hadot, Paris, Documents du Collège de France, 1991.

MAUCHAUSSAT, G. *La liberté spirituelle*, Paris, PUF, 1959.

MARTY, E. "Les catégories de la liberté: droit et morale", *Diotima*, 26, 1998, pp. 141-151.

MEAD, M. *Sex and Temperament in Three Primitve Societies*, London, Routledge, 1935.

MISCH, G. *Lebensphilosophie und Phänomenologie. Eine Einandersetzung der Diltheyschen Richtung mit Heidegger und Husserl*, 2ª ed., Leipzig, Teubner, 1931.

_____. *Von Lebens- und Gedankenkreis Wilhelm Diltheys*, Frankfurt/M., Schulte-Bulmke, 1947.

MESNARD, P. "Comment définir la philosophie de Kierkegaard", *Revue d'Histoire et de Philosophie Religieuse*, 4, 1953.

MOUTSOPOULOS, E. "Du courant conscienciel au flux de la conscience: la bergsonisation du pragmatisme", *Athéna*, 72, 1968, pp. 109-120.

_____. "Catégories temporelles et kairiques", *Univ. d'Athènes, Annuaire Scientifique de la Fac. de Philosophie*, 1962, pp. 412-436.

_____. *Théorie de la Volonté*, Athènes, Vayonakis, 1963; *Questionnements Philosophiques*, t. 3: *Vécus et Actions*, Athènes, Ed. de l'Université, 1984, pp. 213-272.

_____. *La Conscience et l'Espace* (1969), 2a ed., Paris, IPR – Vrin, 1997.

_____. *La Pensée et l'Erreur*. Athènes, 1961.

_____. "Le Caractère Kairique de l'Œuvre d'Art", Actes du Ve *Congrès d'Esthétique*, Amsterdam, 1964, pp. 115-118.

_____. *La Dialectique de la Volonté dans l'Esthétique de Schopenhauer*, Athènes, 1958; Questionnements philosophiques, t. 2: *Rétrospectives et restructurations*, Athènes, 1978.

_____. *La Critique du Platonisme Chez Bergson* (1962), 5a ed., IPR – Vrin, 1997.

_____. *Phénoménologie des Valeurs* (1967), 2a ed., Athènes, Ed. de l'Université, 1981.

_____. "Prospective et Historicité de la Présence Divine", *Il Senso Della Filosofia Cristiana oggi*, Brescia, Morcelliana, 1978, pp. 103-104.

_____. *Les Plaisirs. Recherche Phénoménologique sur Quelques états Privilégiés de la Conscience* (1971), 2a ed., Athènes, Grigoris, 1975.

_____. *Conformisme et Déformation. Mythes Conformistes et Structures Déformantes*, Paris, Vrin, 1978.

_____. "Volonté et Intentionnalité", *Questionnements Philosophiques*, t. 1: *Conscience et Création*, Athènes, Ed. de l'Université, 1971, pp. 249-253.

_____. "Vers une Actualisation de la Valeur «homme»", *Culture Européenne*, Bolzano, Centro A. Rosmini, 1970, pp. 221-224.

_____. *L'itinéraire de l'Esprit*, t. 3: *Les Valeurs*, Athènes, Grigoris, 1977.

_____. "Les crises historiques (discours rectoral)", *Université d'Athènes, Discours Officiels*, 1977-1978, pp. 57-72.

_____. "Maturation et corruption. Quelques réflexions sur la notion de kairós", *Revue des Travaux de l'Académie des Sciences Morales et Politiques et Comptes Rendus de ses Séances*, 31, 1978/1, pp. 1-20.

_____. "L'évolution du dualisme ontologique platonicien et ses conséquences por le néoplatonisme", *Diotima*, 10, 1982, pp. 179-181.

_____. "L'avenir anticipé", *L'Avenir*, Paris, Vrin, 1987, pp. 9-12.

_____. "La morale de Démocrite est-elle une morale du kairós?", *Actes du Congrès Internat. sur Démocrite*, t. 1, Xanthi, Ed. de l'Université Démocrite, 1984, pp. 317-326.

_____. "Ignorancia y prejuicios", in, I. A. MERINO (ed.), *Cultura y Existencia Humana. Homenaje al Prof. Jorge Uscatescu*, Madrid, Reus, 1985.

_____. "La fonction du kairós chez Aristote", *Revue Philosophique*, 1985/2, pp. 223-224.

_____. "Le modèle empédocléen de pureté élémentaire et ses fonctions", *La Cultura Filosofica Della Magna Grecia*, Messina, Edizioni GBM, 1989, pp. 119-125; *Giornale di Metafisica*, 21, 1999, pp. 125-130.

_____. "L'être: puissance et acte", em M.-A. SINACEUR (ed.), *Penser Avec Aristote*, Paris, UNESCO – Toulouse, Érès, 1991, pp. 527-528.

_____. "Le viol des symétries et le kairós comme *métron* de l'art", *Metrum of Art*, Kraków, Jagiellonski Univ., 1991, pp. 134-137.

_____. *Parcours de Proclus*, Paris, CIEPA – Vrin, 1994.

_____. "Temporal and Kairic Categories Applied to Providential History", *Analecta Husserliana*, 43, 1994, pp. 331-340.

_____. "Un théâtre rationnel intérieur: le kairós de la délibération chez Maurice Blondel", *Philosophia*, 1995-1996, pp. 293-300.

_____. "Le vide esthétique: essence et structure", *Real World Design*, Univ. de Helsinki, Lahti Research and Trading Center, 1997, pp. 101-104.

_____. "Conformisme et contestation dans le domaine de l'art: une dialectique intentionnelle", *Annales d'Esthétique*, pp. 37-38, 1997-1998.

_____. "Le sacrifice comme acte historique", *La Liberté Comme Sacrifice*, Athènes, Publ. de la Soc. Hellénique d'Études Philos., 1991, pp. 21-23.

_____. "Phénoménologie de la fixation formelle: le typique et le stylisé", *Mélanges G.C. Vlachos*, Athènes, Sakkoulas/Bruilant, 1995, pp. 681-686.

_____. *Kairós: la Mise et l'Enjeu*, Paris, Vrin, 1991.

_____. "Kairós: balance ou rasoir? La statue de Lysippe et l'épigramme de Poseidippos", *Diotima*, 1997, pp. 134-135.

_____. "Un instrument divin: la navette, de Platon à Proclus", *Kernos*, 10, 1997, pp. 241-247.

_____. "Métaphysique des mœurs et éthique kantienne", *Droit et Vertu Chez Kant. Actes du IIIe Congrès de la Soc. Internat. d'Études Kantiennes de Langue Française*, Paris, Vrin, 1997, pp. 1-2.

_____. "La notion de croyance chez Platon", *Diotima*, 23, 1995, pp. 143-151.

_____. "La fonction catalytique de l'*Exaiphnès* chez Denys", *Diotima*, 23, 1995, pp. 9-16.

_____. "*Protélésie*: le kairós, de Ptolémée à Proclus", *Philosophia*, 34, 2004, pp. 200-201.

_____. "Kairós et dialectique dans l'instauration artistique", em, IDEM, *L'univers des Valeurs, Univers de L'homme, Recherches Axiologiques*, Athènes, Académie d'Athènes, 2005, pp. 173-178.

_____. "The Kairós of the World's Incarnation", *Proceedings of the IXth Congress Gregory of Nyssa*, Athens, Heptalophos, 2005, pp. 115-120.

_____. "Sur la «dialectique de la loi morale», em *L'univers des Valeurs, Univers de L'homme*, Athènes, Académie d'Athènes, 2005, pp. 349-352.

_____. "Nécessité et intelligence dans la cosmogonie du «Timée»", *Philosophia*, 37, 2007, pp. 171-175.

_____. "Hasard, nécessité et kairós dans la philosophie de Platon", *Hasard* et *Nécessité Dans la Philosophie Grecque*, Athènes, Académie d'Athènes, 2005, pp. 60-69; *Pallas* (Toulouse), 72, 2006, pp. 315-321.

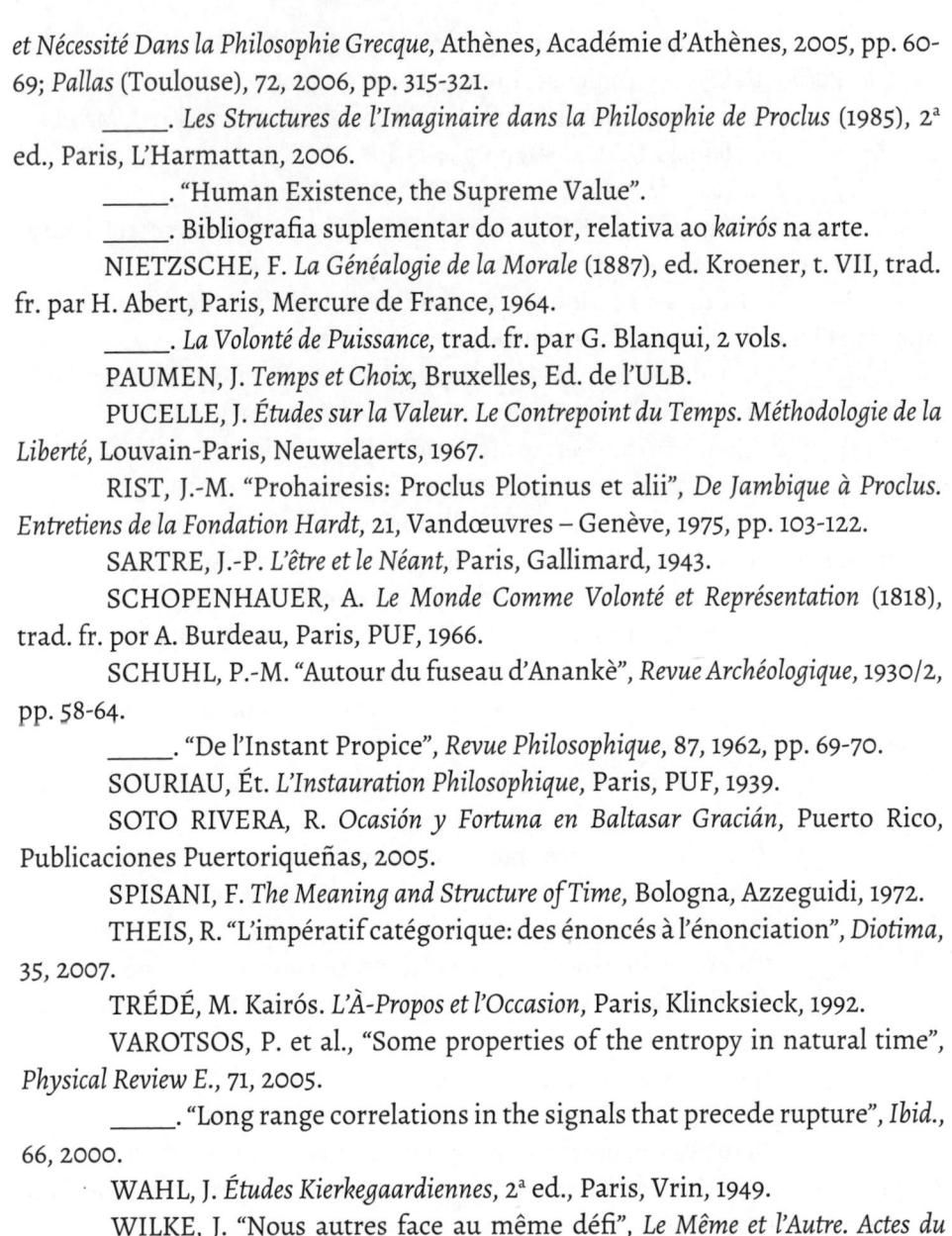

_____. *Les Structures de l'Imaginaire dans la Philosophie de Proclus* (1985), 2ª ed., Paris, L'Harmattan, 2006.

_____. "Human Existence, the Supreme Value".

_____. Bibliografia suplementar do autor, relativa ao *kairós* na arte.

NIETZSCHE, F. *La Généalogie de la Morale* (1887), ed. Kroener, t. VII, trad. fr. par H. Abert, Paris, Mercure de France, 1964.

_____. *La Volonté de Puissance*, trad. fr. par G. Blanqui, 2 vols.

PAUMEN, J. *Temps et Choix*, Bruxelles, Ed. de l'ULB.

PUCELLE, J. *Études sur la Valeur. Le Contrepoint du Temps. Méthodologie de la Liberté*, Louvain-Paris, Neuwelaerts, 1967.

RIST, J.-M. "Prohairesis: Proclus Plotinus et alii", *De Jambique à Proclus. Entretiens de la Fondation Hardt*, 21, Vandœuvres – Genève, 1975, pp. 103-122.

SARTRE, J.-P. *L'être et le Néant*, Paris, Gallimard, 1943.

SCHOPENHAUER, A. *Le Monde Comme Volonté et Représentation* (1818), trad. fr. por A. Burdeau, Paris, PUF, 1966.

SCHUHL, P.-M. "Autour du fuseau d'Anankè", *Revue Archéologique*, 1930/2, pp. 58-64.

_____. "De l'Instant Propice", *Revue Philosophique*, 87, 1962, pp. 69-70.

SOURIAU, Ét. *L'Instauration Philosophique*, Paris, PUF, 1939.

SOTO RIVERA, R. *Ocasión y Fortuna en Baltasar Gracián*, Puerto Rico, Publicaciones Puertorriqueñas, 2005.

SPISANI, F. *The Meaning and Structure of Time*, Bologna, Azzeguidi, 1972.

THEIS, R. "L'impératif catégorique: des énoncés à l'énonciation", *Diotima*, 35, 2007.

TRÉDÉ, M. *Kairós. L'À-Propos et l'Occasion*, Paris, Klincksieck, 1992.

VAROTSOS, P. et al., "Some properties of the entropy in natural time", *Physical Review E.*, 71, 2005.

_____. "Long range correlations in the signals that precede rupture", *Ibid.*, 66, 2000.

WAHL, J. *Études Kierkegaardiennes*, 2ª ed., Paris, Vrin, 1949.

WILKE, J. "Nous autres face au même défi", *Le Même et l'Autre. Actes du XXXIe Congrès de l'A.S.P.L.F.*, Budapest (2006), (29, 13).: ASPLF/Université ELTE, 2009.

BIBLIOGRAFIA INDICATIVA SOBRE A TEMPORALIDADE, A ETERNIDADE E A KAIRICIDADE NA ANTIGUIDADE

(não mencionada nas notas)

ARISTÓTELES, Fís., Δ 11, 218 b 21; 219 b 1-2 e 5-9; 12, 221 b 7-12; 14, 223a 25.

P. AUBENQUE, *La Prudence chez Aristote*, Paris, PUF, 1963.

_____. "Plotin, philosophie de la temporalité", *Diotima*, 4, 1976, pp. 78-86.

G. BACHELARD, *L'Intuition de l'Instant*, Paris, Stock, 1992, pp. 21-22.

W. BEIERWALTES, *Plotin uber die Ewigkeit und Zeit, En. III, 7*, Frankfurt/M., Klostermann, 1995.

J. F. CALLAHAN, *Four Views of Time in the Ancient World*, Cambridge (Mass.), Harvard Univ. Press, 1948.

_____. "A New Source for St. Augustine's Theory of Time", *Harvard Studies in Class. Philol.*, 3, 1958, pp. 437-459.

M. ÉLIADE, *Le Mythe de L'éternel Retour. Archétypes et Répétitions*, Paris, Gallimard, 1969, pp. 11-13.

V. GOLDSCHMIDT, *Le Système Stoïcien et l'Idée de Temps*, Paris, Vrin, 1953.

J. GUITTON, *Le Temps et l'Éternité chez Plotin et Saint Augustin*, 4ª ed., Paris, Vrin, 1951, p. 51.

J. LACROSSE, "Temps et Mythe chez Plotin", *Revue Philosophique de Louvain*, 101, 2003/2, pp. 265-281.

_____. *Chronos Psychique, aiôn Noétique et Kairós Hénologique chez Plotin*, Strasbourg, P.U. de Str., 1997.

W. MENSCH, *Reflektierte Gegenwart. Eine Studie uber Zeit und Ewigkeit bei Platon, Aristoteles, Plotin und Augustin*, Frankfurt/M., Klostermann, 2003.

D. O'BRIEN, "Temps et éternité dans la philosophie grecque", *Mythes et représentations du temps*, Paris, 1958, pp. 58-85.

PLATÃO (sobre αἰών, χρόνος), *Timeu*, 37d; 38a; (sobre ἐξαίφνης), *Górg.*, 523a; *Crát.*, 391a; 396b; *Banquete*, 210e; *Rep.*, V, 453e; *Teet.*, 162c; *Parmên.*, 152b-d; 156d.

A. SMITH, "Eternity and Time", *The Cambridge Companium to Plotinus*, Cambridge, 1996, pp. 196-216.

S. K. STRANGE, "Plotinus on the Nature of Eternity and Time", *Aristotle in Late Antiquity*, Washington, D.C., Catholic Univ. of America Press, 1999 (col. Studies in Philos. and Hist. of Philos., nº 27), pp. 22-53.

G. VERBEKE, "Le statut ontologique du temps selon quelques penseurs grecs", *Mélanges E. De Strucker*, Zetesis (Anvers-Utrecht), 1973.

BIBLIOGRAFIA DO AUTOR SOBRE A KAIRICIDADE

I. Volumes

- *La Conscience de L'espace*, Aix-en-Provence, Ophrys (1969); 2ª ed., Paris, IPR-Vrin, 1997.
- *Philosophie de la Kairicité*, Attenas, Cardamizza, 1984.
- *Kairós. La mise et L'enjeu*, Paris, Vrin, 1991.
- *Variations sur le Thème du Kairós. De Socrate à Denys*, Paris, Vrin, 2002.
- *Structure, Présence et Fonctions du Kairós chez Proclus*, Atenas, Academia de Atenas, 2003.
- *Kairicité et Liberté*. Atenas, Academia de Atenas, 2007.
- *Reflets et Résonances du Kairós*. Atenas, Academia de Atenas, 2010.

II. Artigos (34 de 318)

- "Le temps dans l'univers cavafien", Annales de la Fac. des Lettres et Sc. Humaines d'Aix, 35, 1961.
- "Catégories temporelles et kairiques", Univ. d'Athènes, Annuaire Scient. de la Fac. de Phil., 1961-1962, pp. 412-436.
- "Le vieillissement et le problème des catégories temporelles", Ibid., 1962-63, pp. 400-430.
- "Le temps chez Spinoza", Ibid., 1963-64, pp. 473-475.
- "Durée ontologique et conscience", Néa Hestia, 72, 1962, pp. 1101-1102.
- "L'organisation esthétique de l'espace", Revue Philosophique, 1964, pp. 341-360.
- "Les crises historiques, Discours rectoral", Univ. d'Athènes, Discours Officiels, 1977-1978, pp. 57-73.
- "Maturation et corruption. Quelques réflexions sur la notion de kairós", Revue des Travaux de l'Académie des Sciences Morales et Politiques, et Comptes Rendus de ses Séances, 131, 1978/1, pp. 1-20.
- "De la réduction des catégories temporelles à l'énergie d'intervention du divin", Diotima, 7, 1979, pp. 202-204.
- "La structure de l'espace chez Proclus", Mélanges P.-M. Schuhl, Revue Philosophique, 107, 1982, pp. 419-433.

- "*Kairophuès*. Sur la conception finaliste de l'espace chez Proclus", *Mélanges E. Delebecque*, Paris, Laffitte, Publ. da Univ. de Provence, 1983, pp. 313-320.
- "Irréversibilité du présent chez Husserl", *Diotima*, 11, 1983, pp. 193-194.
- "Sur les dimensions kairiques de la structure de l'être", *Hommage à F. Meyer*, Aix-en-Provence, Publ. Da Univ. de Provence, 1983, pp. 121-133.
- "Intentionnalité et kairicité dans le processus de la création musicale", *Parnassos*, 25, 1983, pp. 329-333.
- "Quelques commentaires sur la notion d'être kairique", *Diotima*, 12, 1984, pp. 183-185.
- "Kairós et histoire", *Actes de l'Académie d'Athènes*, 59, 184, pp. 532-553.
- "Kairós et activité kairique chez Plotin", *Apophoreta Emmanuel Fernandez-Galiano*, Estudios Clasicos, 26, 1984, fasc. 87-88, pp. 443-447.
- "La fonction du kairós chez Aristote", *Revue Philosophique*, 110, 1985/2, pp. 223-226.
- "L'idée d'intentionnalité en histoire", Pela Filosofia. *Homenagem a Taricio Padilha*, Rio de Janeiro, 1985, pp. 581-585.
- "Le renversement de la notion d'*heimarménè* dans la poésie de Vigny", *Annuaire du Centre de Recherches Scientifiques*, Annexe Philosophique, t. 2, Stoïcisme, Nicosia, 1985, pp. 1-7.
- "Un espace et un temps pour la philosophie", *Revue Philosophique*, 112, 1988/4, pp. 192-192.
- "Erôs kairós", *ibid.*, 113, 1989/1, pp. 15-20.
- "Déviation temporelle ou kairique?", *Philosophia*, 19-20, 1989-1990, pp. 493-495.
- "La kairification de la notion de liberté dans la pensée néohellénique", *La Notion de Liberté dans la Pensée Néohellénique*, fasc. 1, XIXe s., Atenas, Academia de Atenas, 1996, pp. 9-12; fasc. 2, 1997, pp. 9-10.
- "Un kairós eccezionale", *Atti dell'Academia Ligure di Scienze e Lettere*, t. 51, Genova, 1995, pp. 17-21.
- "La mise en valeur du kairós dans le processus de l'épreuve athlétique", *Philosophia*, 29, 1999, pp. 205-209.
- "Le statut philosophique du kairós", *Les Figures du Temps*, Presses Univ. de Estrasburgo, 1997, pp. 49-56.
- "Kairós et expectative. Vers une sémantique de l'espérance dans la pensée néoplatonicienne", *La Notion d'Espérance dans le Néolplatonisme*, Atenas, Academia de Atenas, 1998, pp. 39-44.
- "Temps, catégories temporelles et kairós chez Proclus (in *Parmen.*, 1223, 4-1230, 39 C.), *Philosophia*, 31, 2001, pp. 129-135.

- "Sur la connotation spatiale de la notion de kairós chez Platon, Aristote et Proclus", *Ibid.*, pp. 135-138.

- "Kairós et modération dans la philosophie de Socrate", *Actes de l'Académie d'Athènes*, 76, 2001/2, pp. 549-556.; *The Socratic Tradition*, Amsterdã, Kluwer, 2005.

- "Méthorion et kairicité", *Philosophia*, 32, 2002, pp. 22-24.

- *"Desmos kallistos kairios.* Sur la dynamique de l'idée d'analogie chez Proclus", ibid., 34, 2004, pp. 277-279.

- *"Protélésis.* Le kairós, de Ptolomée à Proclus", *ibid.*, pp. 280-281.

III. COMUNICAÇÕES EM CONGRESSOS (43 de 324)

- "Sur le caractère kairique de l'œuvre d'art", *Actes du Ve Congrès Internat. d'Esthétique*, Amsterdã, 1964, pp. 115-118.

- "Structure et restructuration du temps selon P. Braïlas-Arménis", *Actes du IIIe Congrès sur les Iles Ioniennes*, Atenas, 1964, pp. 125-132.

- "La notion de kairicité historique chez Nicéphore Grégoras", *Actes du VIIe Congrès Internat. d'Études Byzantines*, Bucarest, 1974, pp. 217-222; *Byzantina*, 4, 1972, pp. 207-213.

- "Sur une expression symbolique de la catégorie du nec plus ultra", *Actes du Ii^e Congrès Internat. des Études du Sud-Est Européen*, Atenas, 1978, pp. 35-39.

- "Prospective et historicité de la présence divine", *Il Senso della Filosofia Cristiana Oggi*, Brescia, Morcelliana, 1978, pp; 103-104.

- "Vieillissement et accomplissement de l'homme", *La Terza età Nella Società Contemporanea*, Casarano, La Filanto, 1978, pp. 17-24.

- "La finition de l'œuvre d'art: contraintes et licenses", *A filosofia e as ciências*, Rio de Janeiro, 1978, pp. 22-24.

- "Jeunesse et intégration ontologique: durée ou kairós?", *Giornale di Metafisica*, 4, 1982, pp. 229-236.

- "La morale de Démocrite est-elle une morale du kairós?", *Actes du Ier Colloque Internat. sur Démocrite*, t. 1, Xanthi, 1984, pp. 317-326.

- "Alternative Processes in Artistic Creation", *Proceedings of the 8th Internat. Wittgenstein Symposium*, Part 1, Viena, Hölder, 1985, pp. 367-377.

- "L'extra-normalité esthétique. La normalité", Atenas, École des Hautes Études Industrielles du Pirée, 1984, pp. 93-98.

- "Temporal and Kairic Categories Applied to Providential History", *Université d'Athènes, Annuaire Scient. de la Fac. de Philosophie*, 28, 1985, pp. 402-405.

- "Histoire et temporalité chez Hegel", *Hegel-Jahrbuch* (Roma, Jouvence), 1981-1982, pp. 40-65.

- "Les structures de la temporalité chez Watteau", *Antoine Watteau*, Paris-Genève, Champion-Slatkine, 1987, pp. 143-148.

- "L'avenir anticipé", *L'avenir*, Paris, Vrin, 1987, pp. 9-12.
- "Kairós: la mise et l'enjeu", *Diotima*, 16, 1988, pp. 14-17.
- "L'homme kairique", *Ibid.*, pp. 121-128.
- "Kairós ou l'humanisation du temps", *Ibid.*, pp. 129-131 (*Congreso Internacional Extraord. de Filos.* (1987), *Actas*, t. 2, Córdoba, Arg., Univ. Nac. de Córdoba, pp. 477-482).
- "Note sur la signification du kairós", *Diotima*, p. 132.
- "Intentionnalité et catégories spéciales", *Ibid.*, 16, 1988, pp. 135-136.
- "Espace kairique, espace pragmatique de demain", *ibid.*, pp. 137-140.
- "Le viol des symétries et le kairós comme Métron", *Metrum of Art*, Kraków, Jagiellonski Univ., 1991, pp. 134-137.
- "Y a-t-il un reflet kairique du temps dans l'espace?", *L'espace et le Temps*, Paris, Vrin, 1991, pp. 75-77.
- "Temps initial et temps initiatique chez Augustin. Une interprétation intentionnaliste, *Giornale di Metafisica*, 13, 1991, pp. 231-242.
- "Ulisses: An Archetype of the Kairic Seaman", *Storia, Poesia e Pensiero nel Mondo Antico*, Nápoles, Bibliopolis, 1994, pp. 531-535.
- "Method and Kairic Intentionality: the Kairic Moment", *Phenomenological Inquiry*, 17, 1993, pp. 58-61.
- "Finalité et dimensions kairiques de l'être", *Philosophia*, 21-22, 1991-1992, pp. 93-100.
- "La fonction catalytique de l'exaiphnès chez Denys", *Diotima*, 32, 1995, pp. 9-16.
- "La kairicité de l'action chez M. Blondel", *ibid.*, 24, 1996, pp. 165-171; *Bulletin des Amis de M. Blondel*, 10, 1996, pp. 5-15.
- "Kairós. Balance ou rasoir? La statue de Lysippe et l'épigramme de Poseidippos", *Diotima*, 23, 1995, pp. 9-16.
- "Intentionality and Rationality in the Kairic Process", *Philosophia*, 27-28, 1997-1998, pp. 19-25.
- "L'idée d'intentionnalité en histoire", *Idée delphique, Parole grecque, Monde actuel*, Atenas, Academia de Estudos Delficos, 1997, pp. 9-13.
- "La critique rosminienne de l'espace et du temps chez Kant, et l' «Opus postumum»", *Diotima*, 28, 2000, pp. 152-153.
- "Kairós et comportement chez Aristote", *Aristotle on Metaphysics*, Thessalonica, Univ Aristoteles .de Thessalonica, 1999, *Diotima*, 29, 2001, pp. 166-169.
- "Kairós ou *mininum* critique dans les sciences de la nature selon Aristote", *Revue Philosophique*, 122, 1999/4, pp. 481-491; *Actes de l'Académie d'Athènes*, 74, 1999, pp. 136-147.
- "L'art de vivre selon Épicure: *petteia* et *kairós*", *Philosophia*, 27-28, 1997-1998, pp. 191-202.
- "Proclus sur le kairós de la rencontre: dynamique et cinétique", *ibid.*, 31, 2003, pp. 138-142.

- "Measure, Mediety, Moderation: A Lesson in Politics from Aristotle", *Aristotle Today*, Naoussa, Prefeitura de Naoussa, 2002, pp. 105-110.

- "Travail et kairós chez Aristote", *The Patristic and Byzantine Review*, 22, 2004/1-3, pp. 29-39.

- "Rationalité de l'histoire, crises et opportunités historiques", *Avenir de la Raison, Devenir des Rationalités*, Paris, Vrin, 2004, pp. 512-514.

- "The Kairós of the World's Incarnation According to Gregory of Nyssa", *Proceedings of the IXth Congress on Gregory of Nyssa* (Sept. 7-12, 2000), Atenas, Heptalophos, 2005, pp. 115-120.

- "Le kairós de l'action selon Proclus: travail et politique, *Philosophie de l'Histoire et de la Civilisation*, Atenas, «Le Lycée», 2005, pp. 131-138.

- "Épékeina. L'idée de transcendance dans la philosophie de Proclus", *Diotima*, 34, 2006, pp. 144-152.

- "Hasard, nécessité et kairós dans la philosophie de Platon", *Hasard et Nécessité dans la Philosophie Grecque*, Atenas, Academia de Atenas, 2005, pp. 65-69.

- "Nécessité et intelligence dans la cosmogonie du «Timée»", *Philosophia*, 37, 2007, pp. 171-175.

OUTRAS OBRAS DO AUTOR

La Dialéctique de la Volonté Comme Fondement de l'Esthétique, et le Systhème de Schopenhauer, Atenas, 1958, p. 6.

La Musique dans l'Oeuvre de Platon, Paris: P.U.F., (1959),1989, p. 430. (Ed. Italiana, 2002).

Le Problème du Beau chez P. Vraïlas-Arménis. Aix-en-Provence, Ophyris, 1960, p. 168.

La Pensée et l'Erreur,Atenas, (1961) , 1974, p. 136.

La Critique du Platonisme chez Bergson,Atenas, (1962, 1966, 1969, 1980) 1997, p. 200.

Les Fonctions Mentales comme Manifestations du Dynamisme de la Conscience, Atenas, 1963, p. 208.

Forme et Subjectivité dans l'Esthétique Kantienne, Aix-en-Provence, Ophyris, (1964), 1977, p. 200.

Les Plaisirs.Recherche Phénoménologique de Quelques Situations Privilégiées de la Conscience ,Atenas, (1967), 1975, p. 103.

Phénoménologie des Valeurs, Atenas, (1967), 1981, p. 78.

Le Problème de l'Imaginaire chez Plotin, 4ª ed., Paris, Vrin, 2000, 80 p. Ed. romena, 2002).

La Conscience de l'Espace, Aix-en-Provence, Ophyris, (1969),1997, p. 200.

Les Catégories Esthétiques. Introduction à une Axiologie de l'Objet Esthétique, Atenas, 1970 (Ed. romena, 1976. Ed. espanhola,1980), p.123. Ed. ilustrada, Atenas, Arsenides, 1996, p. 173.

Questionnements Philosphiques, t. 1. *Conscience et Creation*, Atenas, 1971, p. 440; t.2. *Rétrospectives et Reestructurations*, Atenas, 1978,525 p.; t. 3: *Vécus et Actions*, Atenas, 1984, p. 488.

La Connaissance et la Science, Atenas, 1972, p. 117.

P. Vraïlas-Arménis, *Oeuvres philosophiques* (em colaboração). Corpus Philosophorum Graecorum Recentiorum, 7 (8) vols., Tessalonica-Atenas, 1967-1998, LXX+536;390; pp. 217, 520, 404, 254, 200, 400.

P. Braïlas-Arménis, Nova Iorque, Twayne, 1974, p. 154.

L'itinéraire de l'Esprit, t. 1. *Les êtres*, Atenas, Hermes, 1974, p. 300; t. 2 : *Les idées*, 1975, 326 p.; t. 3, *Les valeurs*, 1977, p. 327.

La Philosophie de la Musique dans la Dramaturgie Antique.Formation et Structure, Atenas, Hermes (1975) Paris, Vrin, 1999, p. 184.

La pensée présocratique. Du mythe à la raison, Atenas, Grigoris, 1978, p. 81.

La pensée scolastique. Origines et formation, Atenas, Grigoris, 1978, p. 121.

Conformisme et Déformation. Mythes Conformistes et Structures Deformantes, Paris, Vrin, 1978 (Ed. espanhola, 1977), p. 96.

Philosophie de la Kairicité, Atenas, Cardamizza, 1984, p. 200.

Les Structures de l'Imaginaire dans la Philosophie de Proclus, Paris, Les Belles Lettres,1985, p. 310, 2ª ed., Paris, L"Harmattan, 2006, p. 318.

L'esthétique de Brahms. Introduction Phénoménologique à la Philosophie de la Musique, 2 vols., Atenas, Cardamizza, 1986-1988, 270; p. 252.

The Reality of Creation, Nova Iorque, Paragon, 1991, p. 225.

Philosophes de l'Égée, Atenas, Fundação do Egeu, 1991, p. 243.

Kairos. La Mise et l'Enjeu, Paris, Vrin, 1991, p. 243.

Parcours de Proclus, Atenas, C.I.E.P.A.,1994, p. 68.

Poïésis et Technè. Idées pour une Philosophie de l'Art, t. 1: *L'excellence et le Plus-être*, p. 220; t.2. *Instauration et Vibration*, 240 p, t. 3. *Évocations et Résurgences*, p. 383. Montreal, Montmorency, 1994.

-*Philosophie de la Culture Grecque*, Atenas, Academia de Atenas, 1998, p. 415.

-*Variations sur le Thème du Kairos. De Socrate à Denys*, Paris, Vrin, 2002, p. 207.

- *Structure, présence et fonctions du kairos chez Proclus*, Atenas, Academia de Atenas, 2003, p. 196.

-*La philosophie de la musique dans le systhème de Proclus*, Atenas, 2005, p. 452.

-*Univers des Valeurs. Univers de l'Homme*, Atenas, Academia de Atenas, 2005, p. 452.

-*Thought, Culture , Action. Studies in the Theory of Values and its Greek Sources*, Atenas, Academia de Atenas, 2006, p. 318.

-*Kairicité et Liberté*, Atenas, Academia de Atenas, 2007, p. 184.

-*Reflets et Résonances du Kairós*, Atenas, Academia de Atenas, 2010.

Esta obra foi composta em sistema CTcP
Capa: Supremo 250 g – Miolo: Pólen Soft 80 g
Impressão e acabamento
Gráfica e Editora Santuário